本书是河南省科技攻关计划项目“河南省金融科技风险监管的理论、制度与方法（项目编号：212102310058）”的部分成果

基于软信息的金融科技平台风险定价研究

Research on Risk Pricing of Financial Technology Platform Based on Soft Information

金虎斌　著

FINANCIAL

经济管理出版社
ECONOMY & MANAGEMENT PUBLISHING HOUSE

图书在版编目（CIP）数据

基于软信息的金融科技平台风险定价研究/金虎斌著．—北京：经济管理出版社，2021.8

ISBN 978-7-5096-8129-9

Ⅰ.①基… Ⅱ.①金… Ⅲ.①互联网络—应用—借贷—风险管理—研究—中国
Ⅳ.①F832.4-39

中国版本图书馆 CIP 数据核字(2021)第 136478 号

组稿编辑：梁植睿
责任编辑：梁植睿
责任印制：黄章平
责任校对：王淑卿

出版发行：经济管理出版社
（北京市海淀区北蜂窝 8 号中雅大厦 A 座 11 层　100038）
网　　址：www. E-mp. com. cn
电　　话：（010）51915602
印　　刷：唐山玺诚印务有限公司
经　　销：新华书店
开　　本：720mm×1000mm/16
印　　张：12.5
字　　数：191 千字
版　　次：2021 年 8 月第 1 版　　2021 年 8 月第 1 次印刷
书　　号：ISBN 978-7-5096-8129-9
定　　价：68.00 元

联系地址：北京阜外月坛北小街 2 号
电话：（010）68022974　　邮编：100836

主要符号表

缩略词	英文全称	中文全称
ATT	Average Treatment Effect for the Treated	平均处理效应
IV	Instrumental Variable	工具变量
Logit	Logistic Regression	逻辑回归模型
PSM	Propensity Score Matching	倾向得分匹配
ROC	Receiver Operating Characteristic Curve	受试者工作特征曲线
Tobit	Tobit Regression	受限因变量模型

前　言

互联网及信息技术对金融业的颠覆与改造，催生出一系列以金融科技平台为主要载体的新模式与新业态，成为近年来我国数字经济发展的主要特征。尤其是网络借贷，凭借其便捷、高效、普惠、低成本等优势异军突起，成为最具代表性和成长性的金融科技平台。然而，我国网络借贷行业初期的粗放式发展所掩盖的制度漏洞在外部系统性风险的强烈冲击下，风险不断积累并扩散，引起全社会的高度关注与警惕。随着我国监管政策和征信体系的健全与完善，金融科技平台逐渐回归信息中介本位，风险定价作为金融活动的本质与核心，成为行业健康发展的首要问题。但现实中，由于金融科技平台之间的信息割据和利率定价机制的差异，整个行业的利率风险结构扭曲，价格机制失灵，风险收益失衡，资金配置失效。因此，深入研究金融科技平台的价格（利率）形成机制，揭示软信息与平台在风险定价中的重要作用，对于化解由价格扭曲所导致的隐性风险，引导借款人重视个人软信息记录，优化投资者行为决策，进而促进我国金融科技平台健康可持续发展具有重要的理论意义和应用价值。

本书以金融科技业态中的网络借贷平台为研究对象，主要运用博弈论的方法，从信息经济学和金融学的视角来审视和剖析网络借贷中的风险定价问题，以“风险识别—风险评估—信用评级—贷款定价”为主线，对网络借贷市场上价格如何形成（利率定价机制问题）、网络借贷中如何将不同风险等级的借款人进行有效区分并精确评估（风险识别、评估与信用评级问题）、不同信用等级的借款人利率如何进行匹配（贷款定价问题）这三大问题进行了深入研究。首先，利用博弈论对三种利率定价模式进行对比分析，证实了平台定价在交易效率上的明显优势。同时，利用信号传递模型揭示借款人软信息在风险识别中的关键信号作用，进一步利用信息甄别模型分析了借贷平台通过贷款合约设计来实现市场分离均衡的唯一性。其次，在平台定价机制下，根据借款人的硬信息约束和软信息占优状况，构建基于软信息的风险评估和信用评级模型。最后，利用基准利率法对不同信用等级的借款人进行差异化贷款定价，并利用 Prosper 和人人贷平台的交易数据对研究结论进行了实证检验。

本书的创新之处主要体现在以下四个方面：

（1）构建了基于软信息的网络借贷风险定价理论分析框架。现有文献大多沿袭传统风险定价理论与方法，未能充分考虑软信息在网络借贷风险定价中的关键作用，导致风险定价普遍高估。根据网络借贷的金融本质特征，本书综合运用多种理论，将风险定价分解为风险识别、风险评估、信用评级、贷款定价和利率形成机制等环节，从而搭建起集信号传递与信息甄别模型、风险评估模型、信用评级方法、资产定价理论、博弈论、价格机制理论为一体的综合理论分析框架，为网络借贷风险定价的研究奠定了理论基础。

（2）分析并验证了网络借贷平台定价模式的比较优势。现有文献在研究网络借贷的风险定价时较少考虑价格机制对利率形成的影响，忽视了拍卖竞价、借款人定价和平台定价模式之间的差异，导致研究结论出现一定偏差。本书将借款人、投资者和网络借贷平台纳入统一的三方博弈框架，分析各参与方在参与约束和激励相容约束条件下的最优策略，从而得到均衡结果；然后改变参与方在竞价中的行动顺序和规则，对比拍卖竞价、借款人定价和平台定价模式下均衡结果的差异。在实践中，将 Prosper 和人人贷平台转变利率形成机制作为事件因素，运用倾向得分匹配法对博弈结果进行实证分析，验证了平台定价机制在促进交易达成、提高交易效率上的比较优势，为研究网络借贷各参与方行为策略提供了新的方法工具。

（3）揭示了软信息和借贷平台在风险定价中的关键作用。因为网络借贷中大多数借款目的是消费而非投资，所以本书针对已有文献大多以借款人投资项目成功概率随机分布的前提假设，明确指出其假设存在的漏洞与缺陷，并从信息经济学的视角，运用信号传递模型来分析网络借贷中的风险定价问题，发现借款人软信息在风险识别中具有独特的作用机理，可以促进市场分离均衡的实现；进一步运用信息甄别理论，发现平台可以通过贷款合约中信用等级和利率的组合设计来实现市场的分离均衡，证明了平台在利率定价中的主导地位，为平台定价法提供了新的理论依据，也为传统风险定价理论在网络借贷中的具体应用开辟了新的研究思路。

（4）发现了借款人声誉对硬信息的替代效应及其对交易结果的显著影响。现有文献没有充分认识到借款人软信息与硬信息之间的替代效应，未能对软信息在风险定价中的效用和价值作出准确评估。在实证分析中，本书设计了硬信息加总变量，并且引入工具变量，运用 Logit、Tobit 等模型对借款人软信息的具体影响和影响机理做了详尽分析；采用混淆矩阵和 ROC 曲线对 Prosper 和人人贷平台的信用评级效率做了对比检验，证明了基于软信息的信用评级的确可以在风险定价中发挥更重要的作用，不仅与前期理论假设形成良好呼应，而且丰富了风险评估与信用评级理论在网络借贷中的应用与实践。

目　录

1 绪 论

1.1 选题背景

借贷是人类最基本的金融活动，在资金支付和信息流动双重受限的情况下，通过金融中介进行融资成为最优方式，于是成就了以商业银行为主体的金融机构体系。随着改革开放的深入和经济体制改革的深化，我国的经济结构已经发生了重大变化，广大中小微型企业在经济发展中扮演着越来越重要的角色，个人消费也逐渐超过投资成为拉动经济增长的重要引擎。但与此同时，我国的金融体制改革却相对滞后，商业银行陷入垄断竞争无法自拔，无力为广大中、小、微型企业的投资和个人消费提供足够的金融支持，信贷配给现象普遍存在，导致虚拟经济与实体经济逐渐脱节，金融资源配置效率低下。长期的金融压抑就像极度干涸的土壤，当互联网技术革新的浪潮汹涌而至时，金融科技就像一枚真空中的种子突然遇到了温暖阳光下潮湿的土壤，迅速迸发出惊人的生命力，不仅迅速改变着国民的金融生活，而且成为经济新常态下我国金融改革的着力点和突破口。长期被传统金融机构忽视，甚或被蔑视的“长尾”群体成为新型金融科技企业关注的焦点，在互联网技术和互联网精神的引领下，网络借贷应运而生，并成为金融科技最具代表性的业态模式。

在包容性监管政策的鼓励下，网络借贷行业飞速发展，创造出一系列奇迹式繁荣。与此同时，一些不法分子利用制度漏洞，打着金融科技和金融创新的幌子，依托网络平台实施非法吸收公众存款、非法集资、集资诈骗等犯罪活动，不仅造成人民群众的巨大财产损失，而且给金融创新活动的实施蒙上阴影。“乱象”须用重典，2015 年起，从中央到地方，针对网络借贷行业的各种政策法规、监管措施不断出台。一些资金实力不足、缺乏核心竞争力的平台开始出现提现困难、延期兑付的问题；而那些为了赚取短期政策红利的平台则纷纷转型、变卖、关闭，甚至出现负责人跑路、失联从而引起经侦介入。尤其是 2018 年 6 ~7 月，将近 300 家网络借贷平台集中“爆雷”，造成恶劣的社会影响，引发全社会高度关注。严厉监管之下，网络借贷行业迅速降温，借贷平台从信用中介逐渐回归信息中介本位，从借款人、投资者、借贷平台到整个行业，都面临转型发展的难题。

（1）网络借贷从极速繁荣到渐趋稳定，行业景气度下降，普惠理念却渐入人心。

全球最早的网络借贷平台是 2005 年 3 月出现在英国的 Zopa，但规模最大的是 2007 年成立于美国的 LendingClub，它和 Prosper 两大平台垄断了美国 80% 的市场份额。我国最早的网络借贷平台是 2007 年成立于上海的拍拍贷，此后行业的发展基本可以分为三个阶段：第一阶段是从 2007 年到 2011 年的起步阶段，在此期间每年新增平台数量不过 30 家，到 2011 年底平台总数达到将近 200 家；第二阶段是从 2012 年到 2015 年的爆发增长期，平台总数和成交量呈几何倍数增长，2013 年底约 800 家，2014 年底达到 1575 家，2015 年底达到 3657 家，月度成交量超过 1000 亿元；第三阶段是从 2016 年至今的稳定调整期，随着监管政策趋严，大量不合规的网络借贷企业被兼并或退出，平台数量逐渐减少，目前稳定在 2000 家左右，月度成交量稳定在 2000 亿元左右。从 2014 年至 2018 年 9 月的网络借贷平台数量和成交量变化如图 1.1 所示。

从参与网络借贷交易的人数来看（见图 1.2），虽然 2018 年以来投资者人数和借款人数都略有减少，但自 2014 年以来呈现出明显的整体上升态势，并没有受到监管政策的太大影响，目前月度投资和借款人数均维持在 400 万左右；另外，2016 年起人均借款金额大幅降低，至 2018 年几乎与人均投资金额持平。以上变化说明，虽然受政策监管影响，行业增长速度大幅下降，但普惠金融的理念却渐入人心，网络借贷正逐渐被更多借款人和投资者所接受和认可，成为部分普通民众重要的融资渠道和投资方式，成为普惠金融的典型代表。

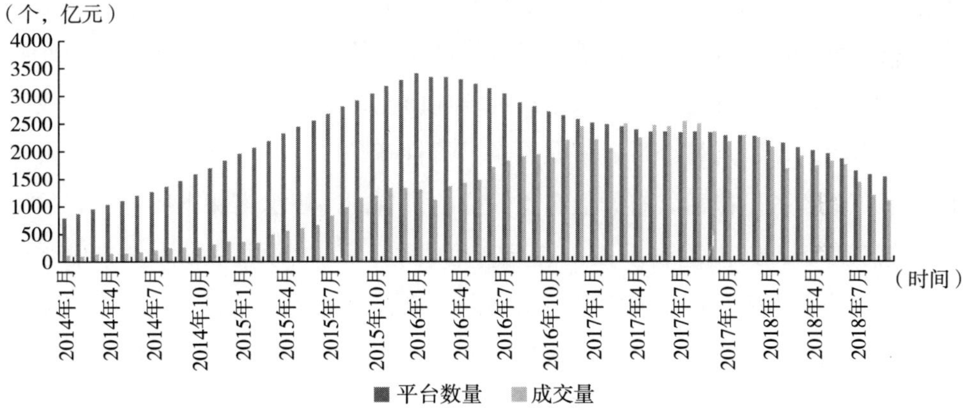

图 1.1　2014 年 1 月～2018 年 9 月我国网络借贷平台数量和成交量情况

资料来源：网贷之家、Wind 资讯。

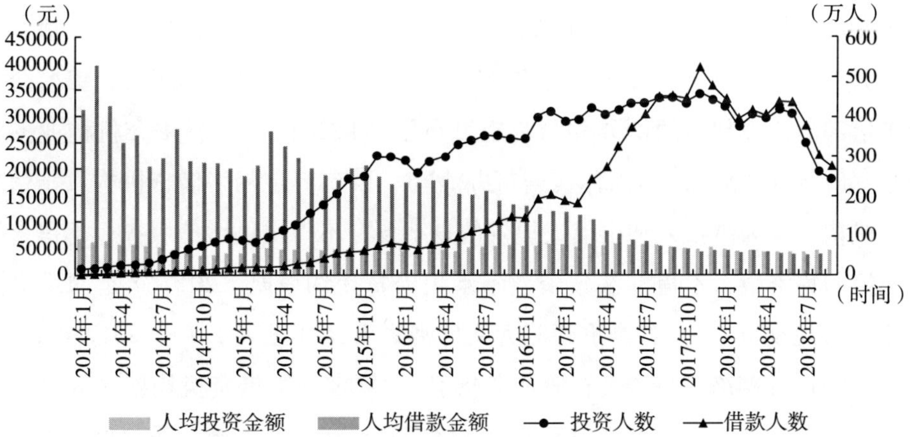

图 1.2　2014 年 1 月～2018 年 9 月我国网络借贷参与人数和人均借贷金额

资料来源：网贷之家、Wind 资讯。

（2）网络借贷风险积累危及金融安全，监管政策趋于完善。

由于我国长期以来的金融压抑和银行业普遍的信贷配给，众多中、小、微型企业以及普通民众无法从传统金融机构体系中获得足够的金融支持。网络借贷的出现既是一种金融创新，又满足了金融市场的需求，还为金融改革开辟了新的出路，所以在发展伊始政府对其持开放性的包容态度。在宽松的政策环境下，网络借贷呈现井喷式发展，少数拥有雄厚资本和核心风险控制技术的企业迅速占领市场，大量传统民间借贷机构借助简单的门户网站摇身而变；与此同时，一些短期套利者为了追逐政策红利蜂拥而至，更有一些不法分子利用政策漏洞乘虚而入，于是整个行业鱼龙混杂，恶性竞争“硝烟弥漫”。为了抢占客户，平台企业各显神通，有的散布虚假标的，有的违规承诺保本底息，有的采取减免手续费、红包返利手段，甚至利用电视、门户网站等媒体发布虚夸广告……这些做法虽然在短期内吸引了客户，但客户忠诚度较低，平台运营成本的大幅增加在长期必然导致风险累积，给资金链带来巨大压力，成为违法犯罪的导火索。诸如非法集资、集资诈骗、平台跑路、私设资金池、自融资等问题层出不穷，给整个行业的健康发展带来了极大负面影响，也埋下了系统性风险隐患，危及金融安全。

2015 年 7 月 18 日，中国人民银行等十部门发布的《关于促进互联网金融健康发展的指导意见》（以下简称《指导意见》）确立了“依法监管、适度监管、分类监管、协同监管、创新监管”的原则。2016 年 8 月 24 日，银监会协同工信部、公安部、网信办共同制定发布了《网络借贷信息中介机构业务活动管理暂行办法》（以下简称《暂行办法》），明确界定网络借贷机构属于信息中介机构，其为借款人和出借人提供信息服务，不得提供增信服务，不得直接或间接归集资金，不得非法集资，不承担借贷违约风险。2017 年是网络借贷行业“合规规范年”，各类重磅监管文件密集出台（见表 1.1）。2017 年 2 月，银监会发布《网络借贷资金存管业务指引》，要求网络借贷机构要建立客户资金第三方存管制度，实现客户资金与网络借贷机构自有资金分账管理，防范网络借贷资金挪用风险；2017 年 8 月，银监会发布《网络借贷信息中介机构业务活动信息披露指引》，规范了 68 条信息披露项，其中平台需披露信息共计

63 项；2017 年 12 月出台的《关于做好 P2P 网络借贷风险专项整治整改验收工作的通知》要求各地应在 2018 年 4 月底前完成辖内主要 P2P 机构的备案登记工作，明确了具体的整改和备案时间表。这三个文件标志着银行存管、信息披露、备案三大合规政策悉数落地，并与《暂行办法》共同组成行业“1 + 3”监管制度体系。另外，2017 年互联网金融专项整治不断深入，“校园贷”“现金贷”等业务成为监管重点。随着行业整体监管和专项重点整治的协调互补，各地方政府也陆续出台相关政策法规，规范当地网络借贷平台发展，特别是网络借贷聚集地（如广东、上海、北京、深圳、浙江、江苏等），均根据监管层要求先后出台了地方性网络借贷平台备案暂行办法。

表 1.1　2017 年我国网络借贷行业相关监管文件

时间	文件	发布机构	具体内容
2017 年 2 月	《网络借贷资金存管业务指引》	中国银监会	界定资金存管的定义与范围，明确了银行业金融机构作为存管人和网贷平台作为委托人的资质、业务规范和职责
2017 年 4 月	《关于银行业风险防控工作的指导意见》	中国银监会	开展互联网金融风险治理；推进网络借贷平台风险专项整治；重点做好“校园贷”和“现金贷”业务活动的清理整顿工作
	《关于开展“现金贷”业务活动清理整顿工作的通知》	互联网金融风险专项整治工作领导小组办公室	“现金贷”纳入互联网金融风险专项整治工作；按照情节轻重对“现金贷”、P2P 网贷平台进行分类处置
2017 年 6 月	《关于进一步加强校园贷规范管理工作的通知》	中国银监会、教育部、人力资源和社会保障部	暂停网贷机构开展在校大学生网贷业务，逐步消化存量业务
	《关于进一步做好互联网金融风险专项整治清理整顿工作的通知》	中国人民银行等国家十七部门	明确了整改实施的时间表和路线图；整改期间，从业机构存量不合规业务要逐步压降至零，不得新增不合规业务
2017 年 7 月	《关于对互联网平台与各类交易场所合作从事违法违规业务开展清理整顿的通知》	互联网金融风险专项整治工作领导小组办公室	清理整顿互联网平台与各类交易场所合作开展违法违规业务，2017 年 7 月 15 日前，停止与各类交易场所合作开展涉嫌突破政策红线的违法违规业务的增量

续表

时间	文件	发布机构	具体内容
2017年8月	《网络借贷信息中介机构业务活动信息披露指引》	中国银监会	全文共四章二十八条，定义和规范了68条披露项，其中平台需披露信息共计63项
2017年9月	《互联网金融个体网络借贷资金存管业务规范》	中国互联网金融协会	全文对存管人资质、业务管理、业务运营等业务规范作出明确详细的要求
	《互联网金融信息披露个体网络借贷》	中国互联网金融协会	规定了从业机构信息、平台运营信息和项目信息披露的基本内容和要求，共为126项，其中，强制性披露指标有109项，鼓励性披露指标有17项
2017年11月	《关于开展网络借贷资金存管测评工作的通知》	P2P网络借贷风险专项整治工作领导小组办公室、中国互联网金融协会	对已开展网贷资金存管业务且已存在上线网贷机构的银行进行测评，明确了测评的原则、流程和范围
2017年12月	《关于规范整顿“现金贷”业务的通知》	互联网金融风险专项整治工作领导小组办公室、P2P网贷风险专项整治工作领导小组办公室	禁止P2P平台从借贷本金中先行扣除利息、手续费、管理费、保证金以及设定高额逾期利息、滞纳金、罚息等；不得撮合银行业金融机构资金参与P2P网络借贷；不得提供“首付贷”、房地产场外配资等购房融资借贷撮合服务；不得提供无指定用途的借贷撮合业务
	《关于做好P2P网络借贷风险专项整治整改验收工作的通知》	P2P网络借贷风险专项整治工作领导小组办公室	各地应在2018年4月底前完成辖内主要P2P机构的备案登记工作、6月底之前全部完成；并对债权转让、风险备付金、资金存管等关键性问题作出进一步的解释说明
	《互联网金融个体网络借贷借贷合同要素》	中国互联网金融协会	规范了网贷行业的借贷合同的必备要素

随着“1+3”行业监管体系的确立，相关制度逐渐完善，合规和备案成为未来行业发展的主基调，这些为网络借贷行业的健康发展和平台企业的合规

发展指明了方向。

（3）网络借贷从信用中介到信息中介，平台发展策略亟待转型。

目前，我国的大多数网络借贷平台不过是把传统的线下业务转移到线上，从这层意义上来讲，其实质不过是民间借贷的网络化，是一种不需要抵押和担保的纯信用借贷。但由于我国征信体系不健全，大多数平台企业引入了第三方担保机制或者风险备付金制度，这样平台就不仅是信息中介，而且兼具信用中介职能，这与《暂行办法》对网络借贷机构信息中介的定位和要求发生了明显背离。因此，在新的监管制度下，网络借贷平台必须转变经营理念，转型简单粗糙的业务模式，抛弃信用中介本位，充分意识到信息对于行业发展的重大意义，扩展信息来源渠道，创新信息采集技术，提高信息识别效率，建立信号传递与信息甄别机制，规范信息处理流程，才能充分发挥信息中介的本质功能，形成长期稳定的利润机制。

摆脱信用中介职能后，网络借贷平台的风险将大幅降低，而由信息不对称所引致的信用风险将逐渐成为网络借贷中的主要风险。于是，做好对借款人信用风险的识别和评估，设计利率定价机制进行风险定价，成为网络借贷平台面临的关键问题。解决问题的关键在于对信息的处理，这就是平台企业的核心技术和核心竞争力。在这个过程中，借款人、网络借贷平台和投资者之间的信息不对称状况是最大的瓶颈，借贷平台如何获取借款人完全有效的信息，以及如何将这些信息转化为对借款人的信用评级以支持投资者的投资决策，成为网络借贷市场可持续发展的关键。

（4）征信体系建设滞后，信息孤岛约束制约网络借贷行业发展。

理想状态下，网络借贷市场可通过大数据、移动互联网、人工智能和云计算等技术，实现支付清算和资金融通等领域内的信息对称、金融脱媒及降低信用风险的目标。一方面可以降低借贷双方的信息不对称程度，减少借贷双方的交易成本；另一方面与传统借贷模式形成优势互补，实现社会资金更为合理有效的配置。然而，在目前我国的现实金融环境下，网络借贷平台数据基础十分薄弱，社会征信体系尚未形成，监管体制机制还不健全，信息严重不对称以及由此带来的逆向选择和道德风险问题较传统金融更为严重。作为信息中介机构，网络借贷平台要在借贷双方之间建立信息沟通的桥梁，要承担客观、真实、全面、及时进行信息披露的责任，维持借贷双方之间的信息对称状态。但由于网络借贷的业务在线上进行，所有借款人的信息主要来自借款人自主申报、平台自身积累和第三方机构引入，在全社会及行业信息共享机制不完善、缺乏线下实地尽职调查的条件下，借款人为了获得投资资金青睐，有主观隐瞒信息和虚假申报的意愿，投资者无法有效识别不同信用等级的借款人，造成网络借贷市场中普遍的逆向选择和道德风险，引发网络借贷市场失灵、利率定价扭曲、资金配置失效。

由于我国征信体系不完善，金融机构间的垄断竞争格局造成信息割据和信息孤岛效应，短时间内难以实现信息充分共享。尤其是拥有大量客户征信信息的传统金融机构与网络借贷平台之间无法有效合作，陷入信息孤岛的网络借贷平台只能寻求第三方机构的担保支持或建立风险备付金制度，这些措施虽然可以在短期内保障客户的资金安全，但运营成本的增加导致借贷成本过高，薄弱的风险控制体系一旦面临突发的系统性风险，必然陷入无法控制的崩盘局面。而没有信息数据支持的网络借贷平台就像“空中楼阁”，维持运行时间越久，风险积累就越高，难以避免“倒台”的命运。

（5）网络借贷行业利率渐趋合理，但风险定价机制混乱，资金配置效率不高。

从网络借贷在我国迅速繁荣开始，行业对投资者的最大吸引力就是高利率，2014 年，行业平均利率曾达到 20% 以上。随着平台之间竞争加剧、监管政策不断完善和投资者的理性回归，行业平均利率不断下降，目前基本维持在 10% 左右，如图 1.3 所示。

虽然行业整体利率渐趋合理，但由于不同平台采用不同的利率定价机制，平台之间的利率差异却依然较大，个别平台的利率甚至超过平均利率的两倍；也就是说，同一个借款人可以在不同的平台上以差异很大的成本进行借款。最关键的是，同一个平台上不同借款人之间的贷款利率差异较小，现有的利率定价机制不能将不同借款人进行有效识别与区分，价格机制在优化资金配置上作用不明显，造成了极为严重的逆向选择和道德风险问题。

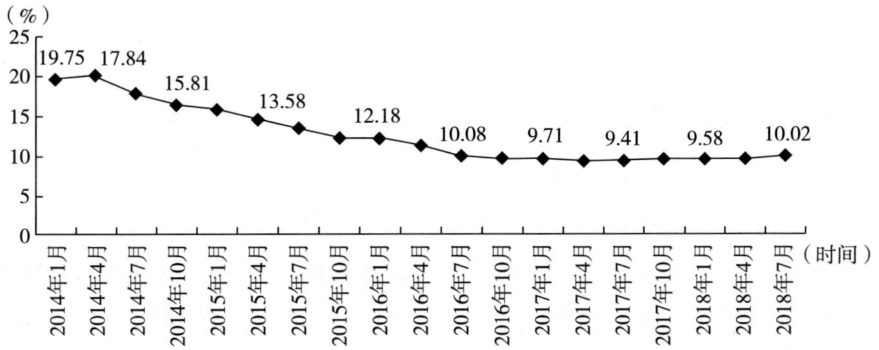

图 1.3 2014 年 1 月至 2018 年 7 月我国网络借贷行业平均利率变化趋势

资料来源：网贷之家、Wind 资讯。

整体来看，随着监管政策和征信体系不断完善，网络借贷行业不断挤除泡沫，排解累积风险，平台逐渐回归信息中介本位，行业发展渐趋健康稳定。在此背景下，风险定价将成为网络借贷平台的核心业务。将不同借款人进行有效区分，并根据其风险等级进行合理的个性化利率定价，不仅可以解决信息不对称所引起的逆向选择和道德风险问题，大大降低由价格扭曲所导致的隐性风险，而且可以使价格机制充分发挥作用，实现借贷资金的优化配置。对借贷平台来说，相互之间的竞争将由恶性的“价格战”转为良性的“技术战”，基于大数据的风险定价技术将成为借贷平台的核心竞争力。

1.2 研究目的与意义

1.2.1 研究目的

本书的研究目的主要有三个：

（1）对比分析网络借贷的三种利率定价机制在定价效率上的优劣。

将借款人、平台和投资者纳入统一的博弈模型，对比各参与方在参与约束和激励相容约束条件下的最优行为策略，并对拍卖竞价、借款人定价与平台定价三种机制的博弈结果进行对比，通过均衡利率和成交概率来评价三种定价机制的优劣。

（2）剖析借款人软信息在风险识别中的信号传递作用。

在硬信息约束下，借款人的软信息可以作为信号来揭示借款人的真实信用水平，将不同信用等级的借款人进行有效区分，实现网络借贷市场的分离均衡，但均衡结果却取决于投资者的后验判断。于是，在博弈中拥有信息优势和优先定价权的网络借贷平台可以提前对贷款合约的信用等级与利率进行优化组合设计，利用信息甄别模型来实现借款人的自动识别，从而实现市场的分离均衡和资金的优化配置。

（3）揭示借款人声誉在风险定价中的重要作用。

在长期网络社交中所形成的声誉是借款人重要的软信息，可以作为无形资产和抵押品，提升借款人的借款成功率和借款成本。在实证中，运用多种风险评估模型和计量工具对人人贷和 Prosper 平台的信用评级效率进行对比，发现基于软信息在信用评级方面的确更能反映借款人的真实风险水平，能够对交易结果产生重要影响。

1.2.2 研究意义

1.2.2.1 理论意义

（1）建立起网络借贷风险定价的理论分析框架。

根据网络借贷风险定价的流程，从风险识别、风险评估、信用评级到贷款定价，可以将风险定价分解为三个问题：如何将不同风险等级的借款人进行有效区分并精确评估（风险识别、评估与信用评级问题）；对不同信用等级的借款人利率如何进行匹配（利率定价问题）；网络借贷市场上价格如何形成（利率形成机制问题），从而建立起基于信号传递和信息甄别理论、风险评估理论、信用评级理论、资产定价理论和价格机制理论的理论分析框架。

（2）确定博弈论在网络借贷研究方法体系中的主体地位。

网络借贷中的所有问题都是借款人、投资者和平台三者之间不断反复博弈的结果，从利率定价机制的选择、信息的传递和信息的甄别、平台利率定价与市场均衡的实现，都是参与三方在各自参与约束和激励相容约束下行为策略的最优选择，这为研究网络借贷中的相关问题明确了研究视角和方法。

1.2.2.2 实践意义

（1）为网络借贷平台拓展业务指明了重点和方向。

根据网络借贷的三大特征，网络借贷平台业务的核心就是风险定价，这将作为信息中介的网络借贷平台的核心竞争力。平台应当尽量收集借款人的软信息，并以此为基础对借款人进行风险评估，提高信用评级和利率定价的准确性。

（2）为借款人提高借款成功率、降低借款成本提供了有效途径。

软信息在网络借贷的信用评估中发挥着极为重要的作用，它是将不同借款人有效分离的关键信号。因此借款人应当珍惜自己在网络上的一切社交关系记录，努力提升自己的网络声誉，这些长期积累的软信息一方面能够提升自己的借款成功率，另一方面也能降低借款的成本。

（3）为投资者提高投资收益、合理规避风险提供了思路和工具。

作为理性的投资者，应当减少盲目追逐高利率的从众行为，在充分了解自身风险偏好的基础上，选择收益与风险匹配的贷款投资组合，尽量规避因个别借款人违约所导致的非系统性风险。同时，也要勇于承担与收益匹配的风险，对于一些不规范平台所承诺的保本和高息诱惑，要有识别能力和免疫力。

1.3 研究思路与方法

1.3.1 研究思路

本书用金融学、信息经济学、博弈论等多学科交叉的方法来剖析网络借贷的金融特征、技术特征和软信息特征。基于网络借贷的金融本质特征，明确指出其理论与实践中的核心是风险定价问题，即在借款人硬信息约束下如何对不同风险等级借款人进行风险识别和评估，并根据其信用等级进行差别化利率定价，从而实现网络借贷市场的分离均衡和资金的优化配置。于是，网络借贷中的风险定价问题可分解为风险识别—风险评估—信用评级—贷款定价，即本书的研究主线。同时，也要考虑借款人、投资者和平台对定价权争夺博弈对定价结果的影响，即利率定价机制问题。

首先，利用信号传递模型揭示借款人软信息在风险识别中的关键信号作用，进一步利用信息甄别理论分析借贷平台通过贷款合约设计来实现市场的分离均衡的唯一性。同时，利用博弈论对这三种利率形成机制的均衡结果进行对比分析，指出平台定价在交易效率上的明显优势。其次，在平台定价机制下，根据借款人的硬信息约束和软信息占优状况，利用大数据技术建立基于借款人软信息的风险评估和信用评级模型，形成实现网络借贷市场分离均衡的基础。最后，利用基准利率法对不同信用等级的借款人进行差异化贷款定价。本书的研究思路如图 1.4 所示。

1.3.2 研究方法

1.3.2.1 博弈论的方法

网络借贷中所有问题都是借款人、投资者和平台三者之间不断博弈的结果，三者不断在各自参与约束和激励相容约束条件下追求自身效益最大化，于是形成各自的行为策略，只不过由于行动顺序不同，造成最终均衡结果的差异，所以博弈论的思想和方法可以用来分析和解决网络借贷中的风险定价问题。在利率定价机制选择上，由于平台处于信息传递的枢纽地位，并且拥有优先行动的优势，能够在事先对借款人和投资者特征充分了解的前提下做出有针对性的最优选择，设计出不同的贷款参数组合，从而实现平台收益最大化。为了实现网络借贷市场上资金的优化配置，避免因信息不对称导致的逆向选择和道德风险，运用信号传递和信息甄别模型，分析软信息作为信号在实现非完全信息条件下从混同均衡到分离均衡中的作用，属于典型的信息经济学分析方法。

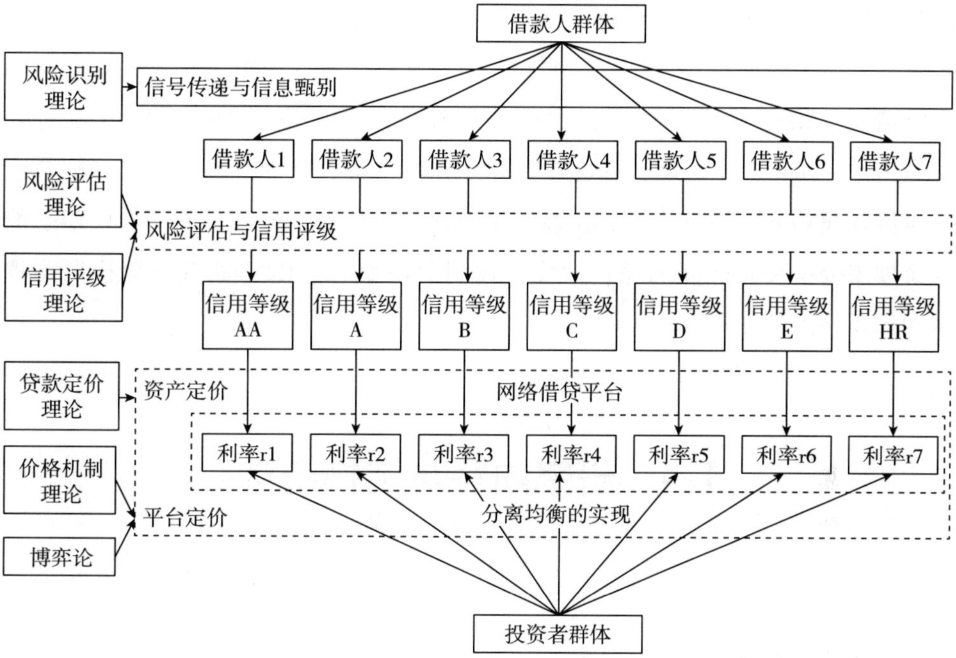

图 1.4 本书的研究思路

1.3.2.2 对比研究法

在论证过程中，本书多处使用比较分析法。第一，在研究三种利率定价机制之间的异同和优劣时，对三者在同一博弈框架下产生的均衡利率与成交概率进行了全面比较，并且利用 Prosper 和人人贷平台定价机制的转变事件，运用倾向得分匹配法（PSM）对理论分析结果进行实证对比检验。第二，由于国内外在金融制度、环境、市场、工具等诸多方面存在较大差异，为了研究软信息对信用评级和交易结果的影响，本书多次用国内的人人贷和国外的 Prosper 平台进行对比。第三，为了考察借款人软信息在不同条件下对利率定价的影响，逐渐放宽完全信息假设的不完全信息，分别运用信号传递模型和信息甄别模型来分析混同均衡和分离均衡结果之间的差异，从而为平台设计贷款产品参数提供多种选择。

1.3.2.3 定量分析与实证研究法

网络借贷平台长期交易积累了大量详尽的交易记录，为本书进行定量分析和实证研究提供了坚实的数据基础。在检验利率定价机制转变对交易结果的影响时，采用了倾向得分匹配法（PSM）；在研究软信息的作用时，根据变量的实际情况，采用因子分析法构建硬信息加总指标，运用 OLS、Tobit、Logit、hetLogit、ivLogit、OLogit 等回归模型检验借款人软信息变量、硬信息等解释变量对借款成功率、借款金额、借款利率、违约率的影响效应，并用软硬信息的交叉项来分析两者之间的替代效应，运用混淆矩阵、ROC 曲线来分析风险评估和信用评级的效率。

1.4 研究内容与结构安排

1.4.1 研究内容

本书的主体研究内容有四部分：

第一部分，从网络借贷的定义和基本原理出发，剖析网络借贷的三大特征。根据其金融本质特征，指出风险定价在网络借贷理论研究与实践发展中的核心地位，确立了研究的主线——借款人信用风险的识别、评估、信用评级与贷款定价，从而建立起本书的理论分析框架体系。这一部分主要是第 3 章的内容。

第二部分，分析拍卖竞价、借款人定价和平台定价三种主流利率定价机制之间的差异，通过将借款人、投资者和平台三者纳入博弈论的分析框架，分析各参与方在参与约束和激励相容约束下的最优行为策略，从而得出均衡结果，并对比三种利率定价机制下均衡结果的差异；然后将 Prosper 和人人贷平台定价机制的转变作为事件因素，运用倾向得分匹配法（PSM）对结论进行了实证检验，发现拍卖竞价所达成的均衡利率最低，但成交概率最小，平台定价虽然达成的均衡利率最高，但成交概率最大，而借款人定价的均衡利率和成交概率居中。当平台拥有报价的优先权的时候，自然以自身收益最大化作为目标，从而确立了平台定价机制在市场中的主流地位。这一部分主要是第4章的内容。

第三部分，从理论上分析软信息在网络借贷风险定价中的作用机理。因为不同信用等级的借款人传递软信息的成本不同，所以根据信号传递模型，软信息可以作为关键信号对借款人信用风险进行有效识别。但由于投资者的后验概率判断不确定，导致最终均衡结果也不确定，借贷市场可能形成分离均衡或混同均衡。进一步利用信息甄别理论，借贷平台可以通过对贷款合约信用等级与利率的优化组合设计，引导不同借款人根据自身的风险偏好做出不同的选择，从而间接地显示出各自的风险等级，确定性地实现了网络借贷市场的分离均衡。这一部分是第5章的内容。

第四部分，对软信息在风险评估和信用评级中的作用进行实证检验。通过构建回归模型用多重方法对 Prosper 和人人贷平台的信用评分、信用评级进行研究，验证了第5章的结论：借款人软信息的确对网络借贷平台的信用风险评估至关重要，尤其对硬信息不足的借款人来说，软信息的替代效应非常明显。在与平台和投资者长期的交易中形成的声誉，可以作为无形资产，在提高借款成功率、提高借款额度、降低借款成本方面有着非常显著的作用。这一部分是第6章的内容。

1.4.2 结构安排

全书结构共分为7章，第1章是绪论，主要介绍研究背景、目的与意义、思路与方法、内容与结构、创新点等；第2章对相关文献进行综述，指出现有研究的问题和不足之处，从而确定了本书的研究空间与方向；第3章运用风险识别理论、风险评估理论与方法、信用评级理论、风险资产定价理论和价格机制理论对网络借贷中的风险定价问题进行详细剖解并构建理论分析框架；第4章研究拍卖竞价、借款人定价和平台定价机制对均衡利率和成交概率的影响，并用 Prosper 和人人贷平台数据进行验证；第5章运用信息经济学中的信号传递和信息甄别模型，从理论上揭示软信息在网络借贷风险识别与利率定价中的关键作用；第6章主要用实证方法研究软信息对信用风险评估、信用评级及其效率的影响，尤其是借款人声誉对交易结果的影响；第7章对本书进行总结，并根据研究中存在的问题对进一步研究进行展望。

1.4.3 技术路线图

本书在写作过程中，遵循提出问题—分析问题—解决问题的经济学基本范式，紧扣网络借贷中的核心问题——风险定价，沿着风险识别—风险评估—信用评级—贷款定价的主线，理论研究与实证研究相结合，定性分析与定量分析相结合，综合运用信号传递与信息甄别理论、价格机制理论、博弈论、风险评估理论、信用评级理论和风险资产定价理论与研究方法，对网络借贷中如何将不同风险等级的借款人进行有效区分并精确评估（风险识别、评估与信用评级问题）、对不同信用等级的借款人利率如何进行匹配（贷款定价问题）、网络借贷市场上价格如何形成（利率形成机制问题）这三大问题进行了深入研究，本书的技术路线如图 1.5 所示。

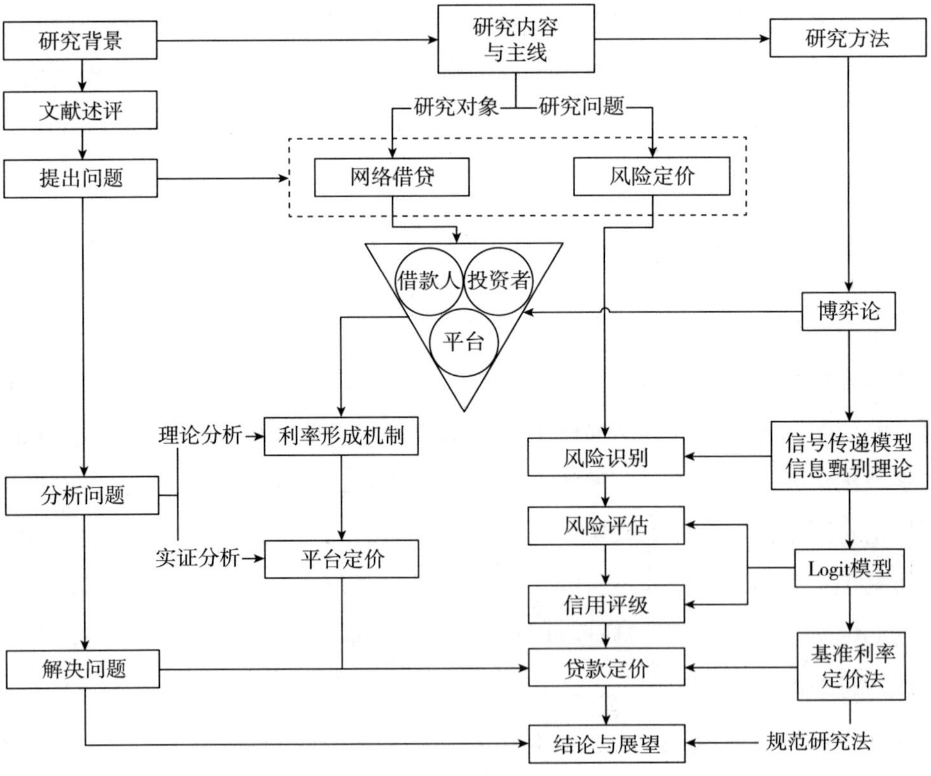

图 1.5　研究的技术路线

1.5 创新点

本书的创新主要体现在以下四个方面：

1.5.1 构建了基于软信息的网络借贷风险定价理论分析框架

现有文献大多沿袭传统风险定价理论与方法，未能充分考虑软信息在网络借贷风险定价中的关键作用，导致风险定价普遍高估。根据网络借贷的金融本质特征，本书综合运用多种理论，将风险定价分解为风险识别、风险评估、信用评级、贷款定价和利率形成机制等环节，从而搭建起集信号传递与信息甄别模型、风险评估模型、信用评级方法、资产定价理论、博弈论、价格机制理论为一体的综合理论分析框架，为网络借贷风险定价的研究奠定了理论基础。

1.5.2 分析并验证了网络借贷平台定价的比较优势

现有文献在研究网络借贷的风险定价时较少考虑价格机制对利率形成的影响，忽视了拍卖竞价、借款人定价和平台定价模式之间的差异，导致研究结论出现一定偏差。本书将借款人、投资者和网络借贷平台纳入统一的三方博弈框架，分析各参与方在参与约束和激励相容约束条件下的最优策略，从而得到均衡结果；然后改变参与方在竞价中的行动顺序和规则，对比拍卖竞价、借款人定价和平台定价模式下均衡结果的差异。在实践中，将 Prosper 和人人贷平台转变利率形成机制作为事件因素，运用倾向得分匹配法对博弈结果进行实证分析，验证了平台定价机制在促进交易达成、提高交易效率上的比较优势，为研究网络借贷各参与方行为策略提供了新的方法工具。

1.5.3 揭示了软信息和借贷平台在风险定价中的关键作用

因为网络借贷中大多数借款目的是消费而非投资，所以本书针对已有文献大多以借款人投资项目成功概率随机分布的前提假设，明确指出其假设存在的漏洞与缺陷，并从信息经济学的视角，运用信号传递模型来分析网络借贷中的风险定价问题，发现借款人软信息在风险识别中具有独特的作用机理，可以促进市场分离均衡的实现；进一步运用信息甄别理论，发现平台可以通过贷款合约中信用等级和利率的组合设计来实现市场的分离均衡，证明了平台在利率定价中的主导地位，为平台定价法提供了新的理论依据，也为传统风险定价理论在网络借贷中的具体应用开辟了新的研究思路。

1.5.4 发现了借款人声誉对硬信息的替代效应及其对交易结果的显著影响

现有文献没有充分认识到借款人软信息与硬信息之间的替代效应，未能对软信息在风险定价的效用和价值作出准确评估。在实证分析中，本书设计了硬信息加总变量，并且引入工具变量，运用 Logit、Tobit 等模型对借款人软信息的具体影响和影响机理做了详尽分析；采用混淆矩阵和 ROC 曲线对 Prosper 和人人贷平台的信用评级效率做了对比检验，证明基于软信息的信用评级的确可以在风险定价中发挥更重要的作用，不仅与前期理论假设形成良好呼应，而且丰富了风险评估与信用评级理论在网络借贷中的应用与实践。

2 金融科技、网络借贷及其风险相关研究综述

理论与实践之间总是相互依存、相辅相成。一方面，实践需要理论来引导和规划；另一方面，理论需要在实践中来检验。对于网络借贷来说，显然前者更为重要。金融科技行业发展日新月异，国内外学者的相关理论研究逐渐增多，因此大部分研究是用已有的理论和方法对金融科技发展中现实问题的分析、解释、验证和预测，但缺乏具有前瞻性的研究成果。

在经济研究领域，我国学者往往借鉴西方已有的研究来展开学术探索，由于国外金融科技的发展比国内要早，其理论研究也更加领先，所以本书在进行文献综述时也将大量借鉴西方已有的研究成果。与此同时，我国的金融科技虽然起步相对较晚，但后发优势明显，目前从规模上已经远远超过英美等国，并且国内外金融科技行业的金融环境、借贷双方行为习惯和监管制度差异较大，金融科技平台运营模式也截然不同，在研究时必须以我国的实践发展为主。总体来看，目前国内外的相关研究主要集中在以下三个方面：金融科技的基本概念及运营模式、网络借贷参与者行为规律特征、网络借贷的风险管理，除此之外关于金融科技平台的利率定价机制及其特征、业务中的信息处理等零星热点问题也有所涉及。

2.1 金融科技发展及其风险

2.1.1 金融科技本质及其发展动因

广义来讲，金融科技泛指一切科技在金融行业中的应用。综观人类科技发展史和金融发展史，科技与金融的结合就好像天作之合，每次科技飞跃活动都在金融行业中率先体现，科技为金融发展提供技术支持，金融为科技发展提供资金支持，两者之间存在着天然的内在耦合关系。Arner 等（2015）将金融科技分为三个阶段：1866～1987 年以电缆传输技术为基础的第一阶段，1987～2008 年以金融服务流程数字化为特征的第二阶段，2008 年以来以新型互联网及信息技术为基础的第三阶段。在第三阶段，大数据、云计算、区块链和人工智能等技术与金融业务深度融合，不仅拓宽了金融可获得性，而且提高了金融深度，改善了金融效率，甚至决定了金融发展的方向和方法，也即本节所研究的狭义的金融科技（FinTech）。

2016 年，金融稳定理事会将金融科技定义为“技术带动的金融创新”，是对金融市场、金融机构、金融服务供给产生重大影响的新商业模式、新技术应用、新业务流程、新产品服务等，既包括前端产业也包括后台技术。按照这个定义，2013 年起在我国兴起的互联网金融也属于金融科技的范畴，但是互联网金融更侧重于前端的产业模式，所以在经营理念上和监管上脱离和违背了金融行业规律，导致出现异构风险（廖岷，2016）。对于金融科技的分类，不管是根据前端业务还是后台技术，都已经有了比较一致的划分。针对金融科技的业态，李文红和蒋则沈（2017）认为主要包括网络移动支付、数字货币、P2P 网络借贷、股权众筹、电子交易、智能投资以及互联网保险等，这与谢平和邹传伟（2012）、谢平等（2015）对互联网金融的划分非常一致，说明不管是金融科技还是互联网金融，在前端业务上的确高度雷同。对于具体的后台技术，目前诸多学者（李伟，2017；孙国峰，2018）普遍认为主要包括人工智能、区块链、云计算和大数据这四种技术；这与互联网金融的技术基础也基本一致（谢平、邹传伟，2012；郑联盛，2014；吴晓求，2015）。

关于金融科技的发展原因，Philippon（2016）从服务成本角度评估了金融科技对金融业的潜在影响，认为金融稳定和获得金融服务的高昂成本加剧了科技对金融业务的改造，是金融科技发展的内在动因。赵鹞（2016）认为是客户差异化金融需求在金融体系运作效率低下导致了“金融脱媒”。金融稳定委员会则认为主要有三个因素：消费者期望需求因素的改变、信息科技的发展、金融监管和市场结构的变化。皮天雷等（2018）从金融中介理论、金融功能观、熊彼特创新、颠覆性创新及技术进步等视角解释了金融科技的形成逻辑与发展机制，认为金融科技基于优化风控、提高价值、降低风险等逻辑而产生，通过增加支付手段、改进投融资机制及提升金融效率等机制来实现快速发展。Haddad 和 Hornuf（2016）则从经济和技术双重角度研究了金融科技的决定因素：经济越发达的国家和地区金融科技水平越高，互联网等技术越发达的国家和地区的金融科技水平也越高，所以金融科技是经济和技术发展的共同结果。张成虎和金虎斌（2016）则从技术与金融结合的视角将驱动因素归结为金融制度改革、技术进步、金融市场变化和金融组织机构变革四个方面。Dorfleitner 等（2017）对德国金融科技行业进行了全面分析，基于 2007 ~ 2015 年的行业数据分析了金融科技行业的增长驱动因素，包括经济、制度、技术、文化等方面，未来的影响因素还包括政治、军事等。

综上所述，国内外学者普遍认可金融科技的金融本质属性与技术特征，认为金融科技发展的直接目的是降低金融成本、提高金融效率和躲避金融监管，驱动因素主要是技术进步和经济发展；所采用的研究方法主要是文献法和归纳演绎法，通过理论分析对金融科技进行定性研究，但缺乏有数据支撑的实证研究检验。

2.1.2 金融科技的作用与影响

近年来，金融科技的实践的确推动了金融行业的变革与进步，对金融市场结构、金融机构、金融市场稳定性以及各细分市场都产生了重要影响，更多文献对此进行了深入研究。许闲和丁健行（2019）认为金融业务已经与数字化、网络化技术深度跨界耦合，以大数据、云计算、人工智能、区块链以及移动互联为引领的科技革命已经改变了传统金融的 DNA。Demertzis 等（2017）认为低成本和更好的消费体验是金融科技发展的驱动力，通过智能算法、大数据、云计算和人工智能创新商业模式，对现有的金融中介模式产生巨大的破坏力；虽然当前不管在中国还是在欧洲，金融科技的市场规模依然较小，但却代表了未来的发展方向，所以必须尽早采取相应的培育措施和监管对策，否则将失去改善欧洲金融市场和中介机构格局的机会。Shim 和 Shin（2015）从参与者关系网络理论的视角对中国金融科技产业的历史发展进行了多层次解析，认为行业中各种异质性参与者对原有网络结构在社会和政治背景方面产生促进和破坏双重作用，也对中国的金融科技产业政策产生影响。Zetzsche 等（2017）发现金融技术正在改变金融机构的业务逻辑，科技公司可以通过大数据分析、机器学习和人工智能等技术，利用在业务中收集的数据进入金融服务市场，这种从金融中介到数据中介的转变对金融公司、金融科技企业和监管机构产生了重大影响。Jagtiani 和 Lemieux（2018）对美国网络借贷平台 LendingClub 进行研究后发现，基于金融科技的消费贷款已经渗透到传统银行服务范围以外的领域，比如垄断性市场、金融薄弱地区和经济落后地区，证明金融科技可以显著改变金融和银行业格局。

金融稳定理事会研究了网络信贷、智能投资顾问、批发支付创新、数字货币、人工智能和机器学习等重要的金融科技活动对金融稳定的影响，发现金融科技通过去中心化增加了非金融机构中介，提升了金融体系的效率、透明度、竞争性和韧性，促进了普惠金融和经济增长；另外，金融科技在微观层面加剧了金融机构的信用风险、流动性风险、杠杆、期限错配风险和操作风险等，在宏观层面增强了风险的传染性、顺周期性、过度波动性和系统重要性等；综合正反两面的作用，金融科技没有对金融稳定产生直接影响。

Gabor 和 Brooks（2017）认为基于数字的金融科技发展对于政府、组织、金融技术公司日益重要，基于金融科技的数字生态系统映射和扩展了货币化数字足迹，通过行为经济学和预测算法，扩大了各种金融资源的可获得性和包容性，为贫困者家庭减贫提供新的工具与模式。

金融科技的发展对金融创新和普惠金融的实现产生了正面推动作用，王超（2019）认为金融科技为传统商业银行资产管理业务转型提供了创新路径和发展动能。孟娜娜和粟勤（2020）通过实证分析发现金融科技通过产业竞争机制和技术溢出机制对传统普惠金融产生显著影响。王小燕等（2019）对 2011 ~ 2017 年沪深上市公司的研究发现：金融科技通过缓解企业融资约束、降低企业财务费用和金融杠杆来提高创新产出，对成长期和成熟期企业有明显的技术创新驱动效果，对衰退期企业则存在“创新泡沫”；但政府强监管则会抑制金融科技对企业技术创新的激励效应。Buchak 等（2017）研究了金融科技对影子银行在美国消费信贷市场上的作用，通过模型分解了技术和监管对影子银行崛起的相对贡献，发现躲避监管和技术进步对影子银行成长的贡献度分别约为 70% 和 30%。

综上所述，现有文献普遍认为金融科技对金融理论和行业实践都产生了较大影响。金融科技通过对金融业务流程的全面颠覆和重新设计，改变了金融机构的业务模式，使市场宽度和深度极大拓展；金融科技改善了长尾群体的金融获得性，在推进普惠金融的同时极大改变了金融市场结构。由于在网络借贷、影子银行、消费金融等细分行业已经有大量数据积累，所以此领域内已经开始大量使用基于数据的实证研究法，所得出的结论更加科学可靠。

2.1.3 金融科技风险的构成与特征

金融风险从定义上是指金融资产收益的不确定性，表现为金融资产价格的波动；其根源在于信息不对称所引起的逆向选择和道德风险问题。由于金融中介在资金配置中出现的期限错配、信用错配和流动性错配导致资产收益受到损失，可以将其分为信用风险、流动性风险、制度风险、操作风险、市场风险和技术风险等。基于高新技术工具的金融风险不过是改变了风险产生和传播的渠道、速度与影响范围，使风险的技术特征更加凸显。从金融科技的本质来看，谢平等（2014）、谢平（2016）认为本质上仍然是互联网及信息技术在金融行业中的应用，并没有改变金融的风险本质，但更多体现为技术风险和操作风险，传统的风险管理理论与方法同样适用。孙国峰和赵大伟（2018）指出，金融科技使金融风险传播速度更快、更隐蔽，传播范围更大，增加了金融系统性风险，脱媒风险和技术风险更加突出，数据风险与信息安全风险相互交织，容易造成地方政府之间的监管套利行为。李伟（2019）认为大数据、云计算、物联网、人工智能等创新技术一方面促进了金融创新，另一方面也加速了金融风险外溢，加剧了金融大数据风险，金融网络安全风险凸显，技术依赖风险越甚。威廉·马格努森等（2019）认为金融科技使金融业从运营方式到融资方式，甚至货币本身形式都发生了根本性变化，尤其2008年次贷危机后美国的监管机构把监管重点对准大型金融机构，却忽视了小微金融市场，但小而分散的金融市场更容易受到技术进步和经济危机的冲击，透明度更低，因此面临的金融科技风险更大。

综上所述，针对金融科技风险的研究并不太多，更多的是沿袭对传统金融风险或者互联网风险的研究进行拓展，所得出的结论主要是认为金融科技没有改变金融风险的本质，但是却放大了技术风险和操作风险，并且使风险传播更快、影响更大，技术特征更加明显。在研究方法上，由于缺乏数据支撑，主要采用的是定性分析，缺乏较为深入的理论分析和实证研究。

2.2 网络借贷的基本概念及运营模式

2.2.1 网络借贷的概念及特征

网络借贷也叫作P2P（Peer to Peer）借贷，指的是个人与个人之间的借贷，因为不需要金融中介，所以普遍通过网络平台来开展业务。不管是国内还是国外，网络借贷的实践发展较理论研究都更加领先一步，所以当网络借贷行业逐渐兴起，大多学者并没有过多深究其在理论上的界定，关于网络借贷的本质及其发展动因的深入探究并不多。由于网络借贷属于互联网金融的范畴，所以可以借鉴学者们对互联网金融的界定来分析网络借贷的本质特征。

在国内的理论研究中，诸多学者普遍认为互联网金融是一种新型金融模式，不同于传统的商业银行和资本市场，其依靠移动支付、社交网络、搜索引擎和云计算等前沿信息技术，实现了资金供求双方的便捷支付和脱媒，大大降低了市场信息不对称程度，在大幅降低交易成本的同时，提高了资金配置效率；互联网金融的两大特征是互联网技术和金融脱媒。此外，还有一些互联网金融的定义倾向于强调金融的本质，认为互联网金融本质和重心仍然是金融，其隐蔽性、传染性、广泛性和突发性的风险特征甚至更为明显。吴晓灵（2014）从金融的基本功能出发，认为互联网金融没有改变资金融通、信用创造和风险管理的金融基本功能，只是改变了金融服务的提供和获取方式，使金融服务范围扩大、对象下沉，是传统的直接融资和间接融资方式在互联网上的延伸，与传统金融并无本质的区别，其本质都是关于资金或信用跨时间、跨空间的流动与分配，而非直接融资和间接融资之外的第三种金融模式。张成虎（2018）则将互联网金融从广义和狭义两个层面进行界定，认为狭义的互联网金融指的是利用互联网和信息技术整合金融资源、创新交易模式和融资渠道而形成的新业态。

2015 年的《指导意见》明确指出："在个体网络借贷平台上发生的直接借贷行为属于民间借贷的范畴。"国内学者普遍认可这个观点，认为网络借贷是在正规金融机构一直未能有效解决中小企业融资问题的背景下发展起来的，弥补了正规金融的不足，本质上属于民间小额借贷。陈霄等（2013）认为网络借贷就是民间借贷的网络版；陆岷峰和李琴（2015）则认为网络借贷的本质特征是互联网和民间借贷，非本质特征则是互联网金融和信用中介。莫易娴（2011）、钱金叶和杨飞（2012）、张正平和胡夏露（2013）、李昕旸等（2017）都认为网络借贷起源于民间借贷，两者的服务对象大都是普通民众或小微企业，但网络借贷并非简单的"互联网"式民间借贷，而是依托互联网技术而创新的新型金融业务模式，其最大优势是便捷、廉价、高效和普惠。瑞顿（2013）认为网络借贷是互联网信息技术与传统小额信贷融合发展的产物，这种模式拓展了小微企业和个人的投融资渠道，而且手续便捷、方式灵活，有助于普惠金融的实现。Galloway（2009）认为网络借贷是一种创新型的信贷模式，能够提供从信息发布、信息搜索到完成借贷交易的全链条式的金融服务，其主要服务于小微企业、微型借贷和自然人的紧急资金需求，是一种有效的金融扶贫方式。李钧（2013）认为网络借贷是一种独立于正规金融机构体系之外的个体借贷行为，部分满足了经营消费个贷需求和大众理财需求，其形成的市场化机制、信用机制、技术机制对金融改革有着实验和借鉴意义。阎沭杉（2018）认为网络借贷的低门槛、高收益、方便快捷等特征使其定位与普惠金融的诸多特征相契合，在解决中小企业融资难以及助力“大众创业、万众创新”等方面作用强大。

关于网络借贷产生与发展的原因，也有学者从制度、技术、市场、社会习惯等诸多方面进行了探究。Magee（2011）认为在以银行为代表的传统信贷市场，严格的资信审核让自有资本不足、缺乏担保的借款人难以获得贷款，而网络借贷的低门槛、小额分散化运营模式，能够服务于这类市场群体，这为网络借贷的发展提供了契机。莫易娴（2014）运用金融创新动因理论解释了金融排斥背景下的网络借贷产生机理，认为金融市场的需求达到一定程度时，与之相关的创新服务就会诞生。而较低的融资成本、广泛的市场群体以及可观的投资收益是网络借贷平台能够快速发展的主要优势。程翔等（2018）构建空间计量模型对网络借贷的发展动因进行分析，认为经济发展、科学技术、居民收入和金融发展是网络借贷行业发展的正向推动剂，而政府干预则会阻碍行业的发展。

综上所述，技术进度和市场需求是网络借贷产生与发展的内在原因，网络借贷有三大本质特征：①网络借贷必须依靠互联网技术充分利用数据信息来创新业务模式，而不只是传统借贷业务的简单网络化；②网络借贷属于直接金融，其本质是金融脱媒；③网络借贷依然是借贷，只不过其服务对象是金融市场上的长尾群体——个人及中小微型企业。

2.2.2 网络借贷的运营模式及现状

网络借贷是一种金融创新活动，利用信息技术的进步创新金融工具、拓展金融市场、挖掘客户资源，同时实现了转移金融风险和规避金融监管的目的。金融创新都是在特定制度环境下实现的，其实现形式和运作模式与特定制度环境有直接关联。比如在欧洲和美国，由于相关金融监管体系健全，社会征信体系完善，各个网络借贷平台的运作模式与业务流程都比较规范，盈利模式清晰稳定，资产质量优良。而我国正处于经济转型发展和金融体制改革的进程中，相关金融法规和监管体系都不太完善，而普惠金融是我国建成全面小康社会的内在必然要求，对网络借贷这样的金融创新活动给予了较大的自由度和发展空间，所以我国的网络借贷运营模式相对比较丰富，并且随着监管制度逐渐趋严，各种模式也在不断调整之中。

相对来讲，国外学者对网络借贷的研究更多关注其内在特征和规律，对其运营模式并没有深入研究。一般地，欧美的网络借贷平台可分为单纯中介型、复合中介型公益型和公益型。网络借贷平台的典型代表是 2015 年成立于美国的 Kiva，它不收取任何利息，专为发展中国家中小企业提供跨境小额贷款服务。单纯中介型平台的代表是美国的 Prosper，它通过信息披露与信用评级为借贷双方提供信息服务，在借贷交易中只是单纯的信息中介，只撮合成交，不承担违约风险。复合中介型平台的代表是英国的 Zopa 和美国的 LendingClub，平台不仅是信息中介也是信用中介，要负责对借款人进行信用评价、贷款利率制定和逾期追款等工作。陈宗义（2017）对我国和英美两国的 P2P 平台进行了深入对比分析，发现英美的平台都严守信息中介定位、专注高端客户服务定位、遵守严苛的风险控制制度。

网络借贷从借鉴英美的成熟模式进入我国，但由于监管体制、社会信用环境以及平台发展背景的差异，逐渐发生了异化现象，在行业发展过程中呈现出典型的“中国特色”。李鹏（2016）认为我国网络借贷在功能、经营形态、资金用途、借款标准等方面均发生异化。杨东（2015）认为网络借贷模式的发展应当发挥大数据、征信体系等信息工具的作用，而不是重新回归到传统信贷的范式之中。由于对网络借贷运营模式进行研究有不同的视角，因此不同学者的划分标准也存在较大差异。宋鹏程和吴志国（2013）从我国网络借贷平台的变化与演进的视角出发，将其运营模式分为线上、线下两种模式。叶湘榕

（2014）则从运营风险和监管对策出发，将网络借贷平台分为：纯平台模式、保证本金（利息）模式、信贷资产证券化模式、债权转让模式。张斌（2016）从法律结构的视角将网络借贷分为居间模式、居间担保模式、债权转让模式和类资产证券化模式四种法律类型，各模式下的流转税和所得税有较大差异。徐鹏俊（2017）按照网络借贷业务的实施过程与步骤，根据客户的功能需求开发并设计了平台系统的功能模块和数据库，并尝试加入风险控制来完善系统平台。周星宇（2018）则详细分析了网络借贷平台运营中普遍存在的问题：征信缺失引发的恶性违约风险、信息不公开导致的公信力质疑、操作流程不规范预埋的合规风险、债权拆分转让涉及的法律风险、高杠杆率导致的资金链紧张和账户安全风险等。

从资金借贷的条件来分析，无抵押无担保模式、单纯中介模式或纯平台模式是相同的，比如美国的 Prosper 和我国的拍拍贷，这种模式中平台仅仅提供信息服务，不参与资金交易的具体过程，不承担违约风险和连带责任；资金借贷双方通过平台直接接触以达成交易。除单纯中介型以外，其他模式大多是根据我国具体情况而独创的本土化运营模式。比如债权转让模式，资金借贷双方并不接触进行资金融通，而是通过专业的第三方放款人利用资产证券化的方式，将借款人的债务打包后进行包装或分析并卖给投资者，专业放款人在资金供求双方之间既是债务人又是债权人，该模式的代表是宜信和红岭创投。这种模式虽然能在短期内极大地促进交易达成，但也存在明显缺陷，比如自融资、期限错配、资金池等风险问题，不仅违反了《指导意见》和《暂行办法》中相关条款对平台信息中介机构的属性界定，甚至涉嫌非法集资和非法吸收公众存款的违法行为。保证本金（利息）模式也叫无抵押自有担保模式，平台以自有资金或者按借款比例抽取风险保证金对本金或利息部分进行担保，也违反了金融脱媒的初衷。另外，有抵押有担保的线下模式也较为常见，其实大多是传统的民间借贷公司打着互联网金融的旗号进行宣传介绍，业务开展中并无任何的互联网技术应用，也违背了互联网金融的精神实质，与真正意义上的网络借贷相去甚远。

诸多学者对我国网络借贷行业的本土化特征进行了总结，谢平（2015）

认为，我国网络借贷行业有三大特点：征信体系滞后，线下尽职调查普遍；平台普遍参与资金运作，大多通过债权转让模式，追求资金规模以降低成本，通过保证、担保、保险等增信措施吸引投资者；投资者风险意识差，盲目轻信保本或高息承诺。贾希凌和马秋萍（2014）发现我国在学习国外模式经验过程中，因地制宜地创造出线上线下结合和担保机制两大特征。郑迎飞和陈晓静（2018）利用拍拍贷和温州贷的平台交易数据，实证检验在不同本息保障方式下网贷投资人对借款人信息的利用强度的差异，结论表明：平台承诺本息保障对投资者的投资决策具有显著影响，投资者对信息的利用强度较低，甚至不屑于跟随其他投资者。

银伟丽（2018）通过对网络借贷发展现状以及不同商业模式的研究，用商业画布以及信息不对称理论来对拍拍贷的商业模式进行分析并提出优化方案。杨玫和董沛武（2017）从网络借贷企业的股东背景入手，利用企业价值链模型建立网络借贷平台综合竞争力评价指标体系，对民营系、银行系、上市系、国资系、风投系网络借贷平台的综合竞争力进行量化对比。谢广营和徐二明（2017）以网贷平台类型为切入点，从宏观行业数据着手对借贷利率、用户规模与网贷交易额间的作用机制进行探讨；实证研究结果表明：所有制平台类型对借贷利率影响网贷交易额的路径具有调节作用，用户规模充当着完全中介。刘翱等（2017）提出数据驱动赋权的改进 TOSPSIS 法对网贷平台效率进行综合评价，结合网贷之家的运营数据对 100 家网贷平台效率进行综合评价，结果和网贷之家的评价结果具有较高的一致性。郭海凤和陈霄（2015）从范围经济金额规模经济的视角来研究网络借贷平台的盈利能力，发现适度的混业经营可以实现范围经济从而提升平台的盈利能力，但盲目追求平台业务规模则会掉入倒“U”形成本曲线的底部后出现成本增加，所以借贷平台应该找到适应自身能力的最佳适度规模；另外，在短期内由于平台自身风险问题导致行业融资成本高企，并没能有效改善中小企业融资难的困境。

随着网络借贷行业监管政策与法律法规的完善，网络借贷行业的发展逐渐有规可循，网络借贷平台是专门从事网络借贷信息中介业务活动的金融信息中介公司，不得提供增信服务，不得直接或间接归集资金，不承担借贷违约风险。网络借贷平台被界定为信息中介而非信用中介。前述各类本土化经营模式中，除了以拍拍贷为代表的单纯中介模式，其他模式都或多或少存在违规情况，除非选择积极转型，否则就被兼并或淘汰。

张超宇和陈飞（2018）经过深刻分析后指出：我国网络借贷平台的本土异化其实是平台定位与风险控制手段的异化；在推进网络借贷平台去担保化过程中，一方面要建立健全强制信息披露机制、完善第三方资金存管制度，另一方面要在网络借贷融资中引入责任保险机制，完善风险准备金制度，强化平台风险防控体系建设。

综观这一领域的研究，学者们对网络借贷模式的基本发展脉络和分化具有大体一致的结论，但对于我国网络借贷的各类分化模式尤其是信息中介之于网络借贷对于市场运行效率以及行业健康发展的影响方面的研究还显不足。

2.3 网络借贷中参与者行为规律特征

在网络借贷活动中，作为最基本的两大参与主体，借款人与投资者不断博弈以实现自身的目标：借款人在自身参与条件约束下追求成本最小化和贷款额度最大化，而投资者则在自身风险偏好约束下追求投资收益最大化，行为规律研究主要分析借款人和投资者在交易过程中的行为特点及其影响因素。关于网络借贷参与者行为及其影响因素的研究，丰富的国外文献提供了充分的理论借鉴，国内学者也根据我国具体情况从不同视角进行了理论分析和实证研究。

2.3.1 借款人特征对交易的影响分析

网络借贷平台的核心功能在于通过有效的信息披露机制设计，将借款人的信息及时准确地传递给投资者，以助其做出正确的投资决策。在这个过程中，投资者决策的依据就是借款人信息，所以借款人的各种信息对成交概率和交易成本的影响一直是理论研究的热点。李悦雷等（2013）以拍拍贷的交易数据为样本，深入挖掘并实证分析了影响网络借款成交概率的各种因素，发现借款人的基本信息和社会资本，以及借款订单变量对成交概率有显著的影响，并且投资者表现出明显的“羊群行为”特征，这对成交概率也有重要影响。

在研究中，学者们普遍将借款人的信息分为两大类：硬信息和软信息。硬信息指的是可以按照标准化方法进行收集、量化处理并传递的结构化信息，在贷款业务中，主要是指借款人的财务信息。与之相对应，软信息则指的是不能按标准化办法收集和量化处理从而无法准确传递的非结构化信息；用通俗的语言来说，是“只可意会不可言传”的信息，比如借款人的人口特征和社会资本（信用、社会关系、地位与形象）等。

2.3.1.1 借款人硬信息对借款成功率和借款成本的影响

关于借款人的硬信息对交易成功率和借款利率的影响，国内外学者们基本都得出了一致的结论：借款人财务状况越好，借款成功率越高，借款利率（成本）越低。由于借款人的财务状况是决定其将来能否履约还款的关键因素，所以其对投资者的投资决策起到最为关键的作用。在财务信息方面，借款人的收入、贷款和固定资产信息是投资者行为决策的重要参考依据，对成交概率有直接影响，所以借款人财务状况越好其借款成功率越高。Herzenstein 和 Andrews（2008）、Iyer 等（2009）发现财务信息的丰富性对于借款人能否顺利获得资金具有重要作用。由于借贷平台一般会根据借款人的财务状况对其进行信用评级，而信用级别是投资者进行投资决策的直接参考依据，所以借款人的信用评级也会对资金流向和资金成本产生重要影响。温小霓和武小娟（2014）以拍拍贷平台交易数据为研究对象，建立二元 Logistic 回归模型通过蒙特卡洛模拟，发现借款金额越大、借款利率越高，交易越可能失败；而借款人历史成功率越高、借款人信用积分越高，则交易越可能成功；另外，借款人的固定资产作为隐形担保也是借款人获得资金青睐的重要因素。张正平等（2015）利用结构方程模型对 Prosper 平台交易数据的研究也发现了相同的结论：借款人的信用评级和坏账信息对财务因素的可信度产生影响，进而会影响借款成功率。刘巧莉等（2017）运用逻辑回归模型对拍拍贷平台的交易数据进行挖掘，分析借款人信用指标体系中的信用分和认证信息对投资者决策行为显著的正面影响效应。Klafft（2009）、王会娟和廖理（2014）论证了信用评级机制对用户借贷行为具有显著作用，并且信用评级越高，借款成本越低，借款成功率越高。

2.3.1.2　借款人人口特征对借款成功率和借款成本的影响

在借款人的人口特征包括性别、年龄、种族、相貌、籍贯、婚姻、职业、身份、学历等方面的信息，现有文献大多通过建立计量模型对这些因素对网络借贷交易结果进行回归分析，以分析网络借贷中的人口特征歧视现象。

Barasinska 和 Schaefer（2010）通过对德国网络借贷平台的研究发现，借款人性别对借贷成功率没有影响，投资者对借款人没有性别歧视倾向。而 Pope 和 Sydnor（2011）对 LendingClub 交易数据进行的实证分析却发现了相反的结论：性别不仅严重影响借款成功率，还影响到借款成本，同等条件下女性的借款成本更低，单身男性借款人要比同等条件的女性的借款利率高 0.4%。张娟（2018）发现借款人年龄也是影响借款成功率的重要因素。陈霄和叶德珠（2016）、Chen 等（2013）分别利用人人贷和拍拍贷的交易数据，从不同视角下对我国的实证研究也发现了非常明显的性别歧视现象：女性借款的成功率显著低于男性，但女性一旦借款成功则借款违约率却比男性显著低 38%。窦新华等（2018）进一步的研究发现：性别歧视的倾向存在显著的异质性，女性的借款违约概率相比男性更低，但女性借款者的成功借款可能性也更低，女性的学历背景也无助于提高女性的借款成功率。

蒋彧和施一舟（2017）利用人人贷数据对网络借贷中的婚姻歧视现象进行实证研究，发现结婚状态可以提高对投资者的资金吸引力，表现为同等条件下已婚借款人的借款成功率比离异或单身借款人显著较高，而借款利率却显著较低，并且婚姻状态对不同信用等级、学历、收入、地区、资产、借款期限借款人的影响各不相同。孙武军和刘帆（2017）进一步的研究则发现了性别与婚姻状况的交叉影响作用，婚姻状况对不同性别的借款人的成功率和违约率有不同影响：女性婚后的借款成功率更高但违约率增加，男性婚后借款成功率则降低但违约率更高，可以解释为或许婚后家庭财务压力增加导致财务状况恶化。

庄雷和周勤（2015）借助拍拍贷数据从借款订单的中标概率、投标人气、利率水平三个角度检验借贷过程中的身份标签的影响程度，结果表明网络借贷中信息披露质量较低存在着显著的身份歧视。田秀娟和张智颖（2018）的研究则进一步发现：由于私营企业普遍缺少稳定可靠的抵押、担保和收入，在网络借贷中遭受到的信贷歧视属于投资者做出的理性选择，但是投资者对网商身份借款人的歧视却缺乏理性依据；这种职业身份歧视源自平台投资者对借款人职业身份的经济特征已有认知而进行的决策行为，并非一种纯粹的社会身份歧视行为，对网商身份借贷人的非理性歧视则主要源于投资者对网商身份借款人的认知偏差。刘紫薇和孙武军（2018）发现相同条件下投资者更倾向于将资金投票给白领工作者，并且借款人所工作的企业性质和规模也有明显影响；但对于蓝领借款人来说，其所工作的企业性质和规模却不能对借款成功带来正面影响，或许这就是职业偏见的显著作用。

种族歧视现象在网络借贷市场上也有明显体现，Duarte 等（2012）则发现借款人的外貌特征严重影响借款成功率，面相诚实可靠的借款人更容易获得贷款资金。

廖理等（2014）、王宇（2017）则研究了网络借贷中的地域歧视现象，发现投资者对来自高收入城市的借款人更加青睐，这种地域歧视是一种非理性行为。将彧和周安琪（2016）、应珺璐和徐少君（2018）还发现了地域歧视现象的异质性：学历越低、信用等级越低、认证数量越低、借款金额越大，借款人受到的地域歧视越加明显。

关于借款人学历在网络借贷中的作用，吴小英和鞠颖（2012）以单一变量原则建立数学模型，使用最小二乘法对 Prosper 平台数据进行实证研究，发现并证实了网络借贷中的学历歧视现象：或许因为学生缺乏足够的资金来源，同等条件下学生借款比其他种类借款的成功率低 3.4%，但因为学生普遍的诚信品质，一旦借款成功其违约率却较低。廖理等（2015）的实证研究发现高学历者的确更加诚信，高学历借款者的如期还款率更高，但投资者却并未青睐高学历借款人，投资者在投资决策中的学历歧视并不存在。姚博（2016）、程瑶（2018）的研究结论则截然相反，高学历的借款人在实际中更受到投资者资金的青睐，学历歧视现象在信用评价机制不完善情况下普遍存在且有其合理性，但随着信用评级制度的完善，这种现象将会逐渐减弱。

2.3.1.3 借款人社会资本对借款成功率和借款成本的影响

随着研究的深入，更多学者开始关注借款人的社会资本。由于社会资本具有制度和资本属性，并且能够嵌入借款人及其社交网络用户关系网络之中，而以软信息为特征的社会资本可以突破网络借贷市场中借款人的硬信息约束，实现借贷双方的信息流动和对称，破解信贷约束难题。因此，基于社会资本理论对借款人的信用风险进行评估成为研究的新热点。

在传统金融模式下，Berger 和 Udell（2002）、Ghatak 和 Guinnane（1998）、Impavido（2015）、Okten 和 Osili（2004）等一致认为社交网络对参与人行为的良性约束作用，可以防范借款人和投资者的恶性违约或隐瞒欺诈行为；同时社交网络通过促进信息互通实现信息对称，可以有效降低市场中的逆向选择和道德风险。由于网络借贷业务普遍在线上展开，只需要借款人按要求提供个人认证信息而无须抵押、担保等固定资产，传统商业银行的信用风险评估方法很难适用，并且网络借贷中的借款人普遍处于金融市场“长尾”中，依靠财务状况对其进行信用评价很难反映借款人真实的还款意图。而这些借款人长期在社交网络上的生活记录等软信息是其宝贵的社会资本，根据这些社会资本可以对借款人的信用状况做出评估，随着移动通信、大数据、云计算、区块链等互联网和信息技术的发展和利用，借款人的交易记录和交易行为可以很好地被收集、整理、存储、分析和挖掘，真实地反映借款人的资信状况。因此，一些学者开始探究借款人线上社会资本对其借款成功率和借款信用的影响。Everett（2015）认为借款人社会资本信息的介入能够有效制约其违约风险，而在网络借贷模式中，只有在借款人社会资本中增加能反映其真实人际关系的变量，才有可能对借款人行为产生制约并降低其违约风险。Freedman 和 Jin（2008）认为来自社交网络内部的监督机制可以督促并实现借款人的偿还动机和行为。Xu 等（2011）以 Prosper 和人人贷平台为对象，从社会资本和文化因素的角度对中外网络借贷平台进行了实证比较分析，研究显示在我国的网络借贷交易中参与者更关注文化因素中的人际关系，借款人的社交网络信息对借贷交易的影响比美国更加明显。Lin 等（2009，2013）通过社交关系理论分析了社交网络在网络借贷中的作用，发现借款人的网络社交信息具有信用信号的功能，能够将借款人的信用状况加工成可以传递的数字信号传递给投资者，从而起到降低借贷交易双方的信用信息不对称的作用，有助于降低借款人的违约率；拥有更强的社交网络关系的借款人更容易获得较低的借款利率。Greiner 和 Wang（2009）研究发现了社会资本对交易结果的具体影响：借款人的社会资本量与其借款的成功率成正比，与其借款成本成反比。但借款人的社会资本的影响作用却呈现出异质性，Collier 和 Hampshire（2010）发现对于低信用等级的借款人，积极地进行社区内交流活动，参与社区成员的交易，为其他成员提供担保等活动，能够提高被信任程度。在借款信用方面，陈冬宇（2014）侧重研究了社会资本与交易信任度之间的关系以及判断网络借贷平台能否有效地筛选出有信用的借款人，结果表明，借款人社会资本是影响交易信任的关键因素之一，基于混合的硬信息和软信息，在某种程度上，可以评估出借款者的信誉。姚铮等（2013）强调社交网络在网络借贷中发挥作用主要通过四个途径：促进信息流通、缓解信息不对称、强化违约行为约束以及形成守约激励。

上述研究已经证明社会资本在网络借贷中的突出作用，以此为理论依据，国外的 Zopa、Prosper 等平台创设了群组（Group）制度以增加借款人的社会资本，以缩短交易时间、降低交易成本和还款风险。LendingClub 则与社交平台 Facebook 合作，利用其庞大的社交网络资源通过资源共享来实现业务扩张。在借款成功率方面，Herrero - Lopez（2009）的研究发现，借款人的好友或者群组成员参与和支持其借款行为可以对其他投资者形成示范效应，提升其融资可得性。Li 等（2011）对我国拍拍贷平台数据的挖掘也发现了相同结论：借款者朋友竞标金额与借款者获得竞标的数量和借款成功率之间呈显著正相关，证实了朋友之间的信任关系在促进交易中的正面效应。缪莲英和陈金龙（2014）、顾慧莹和姚铮（2015）用 Prosper 交易数据也分别都验证了社会资本对借款人违约风险的抑制作用。值得注意的是，借款人是否加入借贷平台所提供的群组并不能直接反映其所拥有的社会资本情况，还应考虑所在群组的加入成本、群组的整体质量以及群组成员之间的监督情况，Chen 等（2016）、

Freedman 和 Jin（2017）通过对 Prosper 平台借款人加入群组的情况进行分析发现，高风险借款人更倾向于加入群组以获取投资者的青睐，因此对于借款人社会资本的判定需要综合考量其所处社交网络的整体情况。

综上所述，社会资本不管通过何种途径，在网络借贷中都能够发挥非常显著的作用：促进交易达成、提升交易效率、降低交易成本和降低违约风险。我国网络借贷市场还处于起步发展阶段，尚未有平台建立起完善的社会资本体系；并且由于制度限制，尚未建立全社会共建共享的信息交互交易平台，同时也阻碍了社会资本在网络借贷市场上发挥应有的作用。因此，该领域的研究主要集中在运用 Prosper 等国外平台的数据进行研究。但是，现有文献研究主要在探究单一指标或零散的社交网络信息对于借款人借款成功率和借贷信用的影响，缺少从社会资本理论角度对借款人信用风险的甄别和分离作用进行研究。

2.3.1.4　借款人描述信息对借款成功率和借款成本的影响

除了借款人的各种必填信息以外，网络借贷平台还允许借款人对自己的借款需求进行文字描述，而这些文字描述也会对其借款成功率产生影响。李焰等（2014）的研究认为借款人更多地描述信息对于借款成功率具有正向影响。借款人的借款描述可作为吸引投资者而成功获取借款的一种方式，而投资者能否理解借款描述以及这种理解的程度则取决于借款描述所传递信息的可读性。彭红枫等（2016）以 Prosper 网络借贷平台交易数据为样本，将定价机制转变作为事件因素，用文本挖掘对比研究利率定价机制变动前后借款陈述的不同作用，发现不同利率模式下借款陈述虽然不一定能提升融资可得性，但都能降低借款利率，并且这种作用对信用等级较低的借款人更为明显。陈霄等（2018）运用人人贷的数据基于文本复杂性和可理解性构建中文语言环境下的可读性指标，实证结果发现：借款描述的可读性有助于减少信息噪声，提高信息甄别速度，从而降低投资者的信息处理成本，加速信息识别，提高借款成功率。另外，叶德珠和陈霄（2017）还发现借款描述信息中的标点符号也有一定影响，借款描述的标点数越多，借款成功率就越低，而借款成本也越低。

综观以上研究文献，国内外学者对于网络借贷影响因素的研究较为丰富，几乎可以涵盖现阶段网络借贷平台能够披露的所有类型信息，但相关研究多以实证分析为主，变量选择相对单一，缺乏从理论角度对相关影响因素进行诠释和探究。随着网络借贷市场的继续扩大以及信息化披露程度的加深，这一领域的研究将继续呈现一定的空间，同时对于完善网络借贷平台的建立具有重要的现实意义。

2.3.2 投资者行为分析

网络借贷中，借款人通过平台发布借款信息后，投资者根据自己的判断对借款项目进行选择性投标。由于投资者并不能完全掌握借款人的全部真实信息，其投资行为在实践中就表现出明显的非理性倾向——“羊群效应”，学者们对此进行了大量研究。

2.3.2.1 投资者的“羊群效应”

在网络借贷中，虽然互联网技术可以便捷高效、低成本地实现借贷双方之间的信息交流，但由于信息的真实性无法验证，不仅没有削弱借贷双方的信息不对称程度，反而使情况更为严重。在此情况下，投资者的决策行为与其拥有的真实有效信息以及其对信息的识别判断能力密切相关。在信息约束条件下，金融市场上投资者通常会模仿其他人的投资行为来做出自己的决策，这种非理性的盲从行为就是“羊群行为”。网络借贷市场中这种“羊群行为”屡见不鲜，比如投资者在投标过程中，如果无从判断标的的优劣，则会盲目地选择完成率较高的标的，导致某些标的迅速满标，而几乎相同的借款标的却无人问津。国内外学者对“羊群效应”的研究主要集中在三个问题上：“羊群效应”的存在性、“羊群效应”对投资行为的影响和“羊群效应”是否理性，形成了较为丰富的研究成果。

Ceyhan 等（2011）通过数据挖掘和数值模拟分析证实了“羊群效应”的存在性，认为模仿行为的确是投资者在信息约束下的理性决策，但是这种个体理性决策造成的盲从和跟风却造成了集体上的非理性后果，这是个体与集体矛盾的集中体现。Luo 和 Lin（2013）对 Zopa 的实证研究也证实了网络借贷中的非理性“羊群行为”，而 Zhang 和 Liu（2012）对 Prosper 平台数据的研究却发现投资者的“羊群行为”是通过学习产生的理性行为，是信息识别能力不足、专业能力不强的投资者在既定情况下的最优投资决策。另外，借款人的社会资本对投资者的“羊群行为”也有重要影响，关系越亲密的朋友之间的投资行为，越能够引起更大强度的“羊群行为”。

随着国内网络借贷市场的蓬勃发展，交易数据的累积为国内学者研究“羊群行为”提供了足够的实证数据来源。廖理等（2015）不仅证实了我国网络借贷市场中“羊群行为”的存在性，还深入分析了“羊群效应”的特点：标的订单投标完成度是引发“羊群行为”的关键变量，完成度越高的借款标的，“羊群效应”越明显，但这种“羊群效应”逐渐趋于减弱；对于借款人信息缺失较多的订单，在初期“羊群效应”更加明显，但持续时间较短。曾江洪和杨帅（2014）的研究认为，网络借贷中的投资者并非盲目地模仿他人的投资行为，投资者会根据借款项目的风险特征对前期投资者的投资行为进行调整和纠正，因此是对前人投资行为的理性矫正。陈冬宇和郑海超（2017）从“羊群行为”视角分析了我国网络借贷市场的投资行为，证实了“羊群行为”存在的真实性；进一步的数据挖掘则验证了“羊群行为”的非理性。谭雪晗和涂艳（2016）通过社会网络分析法（SNA）剖析了网络借贷参与人的行为模式，也证实了投资者的投资行为具有“羊群效应”。潘敏洁（2015）构建逻辑回归模型对拍拍贷平台数据的实证分析发现，信用等级更高和借款期限更短的借款标的更易引发“羊群行为”，另外借款人的学历、婚姻状况和职业状况也是引发资金追逐的显著因素，但借款人年龄、贷款经历、逾期次数等变量对投资者并无吸引力，说明网络借贷中的投资者具有有限理性。胡金焱和宋唯实（2018）进一步验证了我国网络借贷的确存在“羊群效应”，并且“羊群效应”程度与借款人信息以及投资者类型紧密相关，借款人的还款能力越低，参与投资的投资者风险厌恶程度越低，则该标的的“羊群效应”越显著，说明“羊群效应”是风险偏好者在信息不对称条件下通过模仿他人追逐收益最大化的选择性结果；而且网络借贷中的“羊群效应”有利于提升投资者的投资效率，不仅提高了投资者成功投资的概率，也降低了投资者盲目地将资金投在风险更高的借款标的上的概率。

在网络借贷中，由于大多数投资者缺乏专业的投资技巧以及风险防控能力，在借款人选择上，往往表现出明显的“羊群效应”。程瑶（2018）对我国网络借贷市场的有效性进行了实证检验，发现我国网贷市场尚未达到弱有效市场，投资人更偏好于收益率而非风险规避，具有明显的非理性特征。

Wang 和 Greiner（2010）验证了网络借贷模式中的“羊群效应”会导致过度集中投资从而降低投资及资金利用率。除了表现出明显的从众行为，投资者也常常会在投资过程中学习到防范风险的能力。Puro 等（2010）认为在网络借贷模式中，投资者常常会根据自己的学习经验来调整投标策略，网络借贷平台中确实存在着投资者知识进步的现象，并且出借人的借款成功率会随着信用历史信息的改善而增加。彭倩和秦进（2018）以拍拍贷平台数据为研究对象深入分析了投资经验在投资者决策中的作用，研究发现：有丰富成功投资经验积累的投资者在投资决策中表现得更加积极，对额度较大、信用等级较低的借款标的更感兴趣；但投资失败教训较多的投资者则倾向于采取较为保守的投资策略。高铭等（2017）通过对人人贷平台 5000 多名投资者的交易数据进行研究发现，男性换手率比女性高 167 个基点，年化投资收益率则低 24 个基点，这些区别在高换手率、低收益率的子样本中更为显著；使用倾向性得分匹配控制风险偏好、个体特征差异，使用 Heckman 两阶段模型控制样本自选择问题，并选取无约束子样本排除预算约束等竞争性假设后，结果依然显著。这些性别差异的主要原因是男性过度交易从而付出更多交易费用，当不考虑交易成本时，男女投资者的收益率没有显著差别。王书斌等（2018）通过构建异质性动态面板模型分析投资者对五类股东背景平台的选择行为，研究结果显示：短期来看，投资者存在从众行为，不同股东背景平台的成交量与贷款者数量正向相关，而利率并不是决定因素；长期而言，风险偏好决定投资者逐步调整选择行为，不同股东背景平台的成交量与滞后一期投资者数量显著相关，投资者的选择受股东背景影响，形成一种外部监督。

2.3.2.2 投资者的投资决策

网络借贷的两大核心技术分别是风险定价和构建投资组合，随着大数据、机器学习等技术的发展与应用，国外一些网络借贷平台率先引入智能投资推荐系统，通过过滤器技术对投资项目进行筛选，然后构造投资组合，实现收益与风险的最优匹配，这方面的研究刚刚起步，还有待进一步探索。

徐喆（2015）运用 Logit 和 Probit 模型对个人信贷业务的违约风险相关因素进行了量化分析研究。谭袁月（2016）将投资组合决策转化为在既定预期收益率下的风险最小化问题，利用核回归的思想构建实例模型，并以人人贷交易数据为样本检验了实例模型良好的预测能力。郭艳红等（2016）通过分析投资者信息辅助投资者进行投资决策，首先从投资者的历史投资收益率、风险偏好以及投资经验三个维度构建投资者档案，进而基于投资者档案构建投资者构成分析模型，最后通过 Prosper 数据的实证研究发现，利用投资者构成分析的方法辅助投资者进行投资决策的模型表现良好，能对投资组合进行优化筛选。郭晓云和吴永红（2017）基于支持向量机（SVM）理论建立了贷款违约概率预测模型，并根据违约概率之间的相似距离和该回归构建模型对贷款收益和风险进行评估，利用投资组合优化模型制定投资策略，实证检验表明：基于 SVM 投资决策模型比逻辑回归模型更优。Zhao 等（2015）从风险管理视角入手，通过个性化投资推荐系统解决投资者“买什么”的问题，然后利用投资组合理论解决“买多少”的问题，并通过具体算法利用真实数据对模型的有效性进行了模拟检验。Zhao 等（2016）发现网络借贷中的投资者需要在中标第一（不流标）、收益最大和风险最小三个目标之间做权衡，从而提出了加权目标最优策略和多目标最优策略，然后运用梯度增强决策树法来评估贷款组合，对两种策略通过具体算法进行了对比研究，并用具体数据进行了实证检验。廖理等（2018）通过对人人贷交易数据的分析发现投资者存在基于角色转换的学习效应：如果投资者发生过角色转换，有过作为借款者的借款经历，那么其投资业绩会显著提升，这一学习效应在考虑了内生性问题之后依然稳健；进一步研究发现，被动的角色互换经历并不能提升投资业绩，而主动的换位思考才能带来学习效应；从投资行为看，投资者在角色转换之后其投资风格会出现显著改变，更加偏好信用风险较小的借款。与通常试图确定违约概率并作出投资决策不同，陈卓和蒋炜（2018）以预期收益率作为投资选择标准，利用 CHAID 模型分析影响贷款盈利能力的因素，通过应用 CHAID – IRR 评分系统筛选借款人，验证了模型的优越性。

2.4 网络借贷的风险管理

网络借贷兼具互联网和金融双重特性，而互联网技术的发展使金融风险的隐蔽性、传递性和破坏性更加放大。另外，普惠性也使网络借贷行业准入门槛降低、市场跨界特征明显、监管政策缺失，尤其引发了一系列新型风险，需要采用新的手段、技术和方法进行有效防范。

2.4.1 网络借贷中风险的来源与分类

关于网络借贷风险的成因，学术界诸多学者从不同角度有不同的解释和论述，但并没有形成一致的结论。但是关于风险的来源和分类，却形成了比较一致的看法，根据来源将风险共分为四类：信用风险、操作风险、流动性风险和政策法律风险。

信用风险是网络借贷中最基本、最核心的风险，其根源在于网络借贷中广泛存在的信息不对称引发的逆向选择和道德风险。在英国，网络借贷平台可以通过成熟的 Equifax 系统获取借款人的信用评分状况；在美国，Prosper 和 LendingClub 则可以调用 Experian 和 Trans Union 系统中的 FICO 得分来考察借款人的信用状况。虽然我国社会发展中长期存在的诚信缺失状况正在大幅改善，但覆盖全社会的征信体系尚不完善，各级政府、机构和企业之间信息共享与交易机制尚未建立，导致我国网络借贷中的信用风险较之国外更为突出。目前我国网络借贷中借款人的信用评级主要由网络借贷平台来评估，信用风险的识别与评估主要依赖网络借贷平台的信息占有量以及信用评估的技术水平。不仅如此，叶青等（2016）在对比中外网络借贷差异时还指出：美国网络借贷行业所面对的信用风险主要是借款人的信用风险，而我国却还要再加上网络借贷平台的信用风险，甚至平台的信用风险比借款人的信用风险更为突出。王书斌等（2017）基于传染病模型分析网络借贷债权转让模式和违约舆情传染机制，模拟仿真实验发现：当转让债权人传染再生数超过阈值时，恐慌情绪传染将始终存在，并导致平台陷入危机；当债权市场转让标的受网络舆情影响急剧上升时，情绪传染时间将会缩短，债权市场中的转让标的存量将会倍增，导致市场功能丧失并陷入危机。周园和许辉（2018）根据网络借贷风险的快速传播性、虚拟性、多边性等特征，发现其风险主要来自监管、借款人、P2P 网络信贷平台、投资者几方面；加强网络信贷风险控制，需要从平台外部风险控制、平台内部风险控制、投资者风险控制三方面着手。

陈静俊（2011）认为追偿机制的不健全会诱发违约，是引发信用风险的主要因素；而我国现有征信系统的限制性和门槛弱化了网络借贷平台对借款人信用风险的管理能力，不利于行业的健康发展。陈冬宇等（2012）探讨了引入第三方征信的必要性，认为第三方征信可以优化违约惩罚机制，降低信用风险。肖曼君等（2015）、姚风阁和隋昕（2016）则利用实证模型对借款人信用风险的影响因素进行了检验。李真（2015）等呼吁尽快建立覆盖全社会的信用体系，加快征信相关立法，为网络借贷行业的健康发展提供坚实的信息基础。

操作风险是由于内部程序和系统的不完备或失效，或由于外部事件造成损失的风险。王欢和郭文（2014）认为网络借贷中的操作风险主要是指在网络借贷平台信息库建立过程中，由于系统或技术缺陷导致客户信息泄露的风险。王立勇和石颖（2016）认为由于网络借贷中大量使用互联网和信息技术，这些前沿技术难免会有漏洞和缺陷，这些技术对传统业务的改造过程中简化了原有的业务流程，使风险点出现暴露，在互联网上这些风险点被不断扩散和放大。王会娟和何琳（2015）指出，由于网络借贷平台之间没有共享机制，一些借款人会利用这个漏洞在不同平台上分别借款，而平台缺乏必要的审贷技术手段，无法识别借款人的这种重复借贷行为。另外，网络借贷行业内的合格规范还未建立，一些从业人员业务素质参差不齐，对市场造成不必要的扰动，罗毅（2018）利用有序受限 Probit 模型分析了操作风险影响因素的重要程度，发现成交量是影响网贷公司操作风险的最主要因素。

流动性风险是由于资金周转出现问题导致的资金链断裂的风险，一般当出现其他风险的时候，最终都表现为流动性风险。在网络借贷行业中，平台居中参与资金运作所导致的期限错配和金额错配是产生流动性风险的主要原因。由于我国网络借贷行业门槛较低，许多平台企业缺少注册资本金，缺少资本充足率保障，在对借款人的资金进行运作时极易出现期限与资金错配，尤其是债权转让模式，很容易引发流动性风险。《暂行办法》明确规定网络借贷平台不能将融资项目的期限进行拆分，不能直接或间接归集资金，这个规定极大地缓解了网络借贷行业中的流动性风险。于洋（2016）指出虽然《暂行办法》能促进网络借贷平台通过转型发展化解流动性风险，但转型需要一个过程，业务转型中的短期业务动荡更易引发流动性风险，这对整个行业来说是一个巨大的挑战。

政策与法律风险是因为政策和法律法规不健全、不完善或者缺失所引发的风险，它往往是所有其他风险的根源。我国金融行业长期采用“一行三会”的分业监管模式，当面临互联网金融这种跨界明显、界限模糊的新型金融模式时，分业监管的效力大打折扣，甚至无能为力。根据现有法律体系，网络借贷行业存在着巨大的法律风险：比如诈骗罪、集资诈骗罪和非法吸收公众存款罪。另外，网络借贷平台的风险准备金制度也违背了平台信息中介的性质，有归集资金之嫌。刘绘和沈庆劼（2015）认为我国网络借贷行业之所以快速发展，是企业在钻政策漏洞，追逐政策红利的结果，但引发的风险事件则应该归因于监管制度的缺失。比如，民间借贷法律缺失、长期监管主体缺失、金融约束政策缺失导致网络借贷的监管套利。叶湘榕（2014）指出我国网络借贷行业长期处于监管缺失状态：无准入门槛、无行业标准、无监管机构，导致行业内平台鱼龙混杂，操作规范缺失，风险事件频出。邹欣（2017）使用邹检验法从行业规模、行业竞争程度、资金端和资产端等方面检验了监管政策的效果，发现监管政策的确对行业的结构有显著影响，《暂行办法》树立了行业标准，促进了行业内企业的优胜劣汰，形成了良性竞争的局面。

2.4.2 网络借贷的风险识别

风险识别是对风险进行评估、预警和监管的前提，而识别的关键在于找到传递风险的信号。杨军（2004）运用信号传递模型，揭示了财务杠杆作为关键信号在信用风险识别中的作用机理，并运用博弈论证明由于信息不对称，国内企业粉饰财务报表的成本较低，很难存在分离均衡和混同均衡，财务杠杆的风险识别作用降低。李志辉和李萌（2005）以贷款不良率作为信用风险高低的衡量标准，构建了我国商业银行信用风险识别模型，研究发现营利性指标对信用风险的影响最大，Logit 模型具有更强的信用风险识别和预测能力。孙清和汪祖杰（2006）根据小额农贷的特点构造 Logit 识别模型，通过对苏北某信用联社贷款数据的实证检验证实了 Logit 识别模型的稳定性。晏艳阳和金鹏（2010）则将信用报告作为传递信号的手段构建博弈模型，对信贷市场上可能出现的分离均衡和共同均衡结果状况进行分析，发现分离均衡是一种效率较高的均衡状态，但在我国现阶段很大程度上存在共同均衡，以信用报告识别授信风险的效率较低，因此在对个人授信时，抵押是降低贷款风险的一个重要保障。刘莹娟（2011）将国外流行的 KMV 模型在我国的适用性进行验证，发现 KMV 模型对上市公司信用风险识别能力不够强，原因可能是我国特定环境和模型设定因素的影响。张镇宇（2014）以多元判别模型和 Logistic 模型为研究对象，在对我国上市公司进行实证后发现，与多元判别模型相比，Logistic 模型的适用性、准确性、稳定性和预测能力都表现更优。李安平等（2015）将 KMV 模型计算的违约距离 DD 纳入 Logisctic 模型中，并用改进后的模型对我国上市公司的信用风险进行识别检验，发现改进的 Logistic 模型的整体识别能力最优，KMV 模型次之，基于财务指标的 Logistic 模型最差。刘祥东和王未卿（2015）以我国上市公司为研究样本，分别对比了贝叶斯判别法、Logistic 回归模型和 BP 神经网络模型对信用风险识别的准确率，发现贝叶斯判别法和 Logistic 回归模型识别出的重要财务指标能够有效解释公司的信用状况，而 BP 神经网络模型则缺乏对识别结果的解释能力。苏静（2017）指出硬信息对小微企业的风险识别能力有限，对其风险进行有效识别必须充分发挥软信息的作用；通过赋予硬信息和软信息不同权重，分别模拟计算信用风险得分发现，软信息权重越大，低风险企业和高风险企业分离得越彻底，印证了软信息在识别小微企业信用风险方面的突出作用。

在网络借贷风险识别的研究中，更多的学者关注如何利用互联网和信息技术进行信用风险的识别。刘征驰和赖明勇（2015）指出借助互联网和信息技术，网络借贷可以低成本获取借款人的软信息，这种软信息占优状态可以化解网络借贷中借款人、投资者和平台之间的信息不对称难题，最终实现借款人信用等级的有效甄别。刘轶等（2015）发现针对借款人信用风险建立甄别机制可以实现对借款人信息的核实，从而降低投资者的逆向选择。傅彦铭等（2014）运用支持向量机（SVM）以 LendingClub 的平台数据为样本，对借款人的信用风险进行了评估和预测，准确率达到85.6%。张墨（2015）对比较常用的信用风险评估模型进行优化，但只是提出了优化和改进的思路和方法，并没有进行实证检验。石澄贤和陈雪交（2016）将借款人的表征信息、行为信息、状态信息作为评价指标纳入评价指标体系，从三个方面对借款人信用风险的影响因素进行细分，完善了网络借贷信用风险的识别理论。刘征驰等（2018）基于风险甄别的“信用背书”是借贷平台职责所在，基于大数据的风控系统是借贷平台的重要甄别工具，其信用评级能够解释“直观信息”未能表达的违约风险；借款人“行为轨迹”分析是平台风控的有效手段。师应来等（2018）通过文本挖掘与机器学习的方法研究网贷平台的风险甄别问题，通过文本挖掘技术计算平台的情感得分，完善了识别风险的因素，研究结果表明 SVM、随机森林非线性模型比广义线性模型预测效果更优。

2.4.3 网络借贷的风险评估与信用评级

网络借贷模式中的信用风险与传统金融信用风险具有本质同一性，由于网络化平台交易模式下各类信息不对称问题未得到彻底解决，网络信贷市场逆向选择和道德风险问题仍较为普遍（Puro et al.，2010）。基于网络化平台交易模式的网络借贷信用风险具有自身的显著特点：第一，信用风险形成原因与机理更趋复杂。网络平台交易模式下大批小微客户离散分布、交易环境虚拟多变、偿还路径复杂难控、违约成本约束薄弱等特点使互联网金融信用风险源结构更为多元，作用机理更加复杂（赵岳、谭之博，2012）。第二，互联网金融信用风险评价中，软信息意义重大。基于财务指标等硬信息的传统信用风险评价指标体系已经不完全适应基于网络信息平台进行交易的网络借贷的信用风险评价要求，需要引入大数据挖掘获取的交易关联信息、个人社交信息等具有更高参考价值的软信息以重构信用风险评价指标体系。第三，网络借贷信用风险评估连续性和实时性要求较高。以主观评估模型、逻辑回归判别评分模型和非指标评价模型等为主的传统风险评估方法，已无法满足需要对大量在线随机交易客户信贷期限、利率及信用状况连续监控的互联网金融信用风险管理要求，现有信用风险评估方法与管理体系应做出与网络借贷模式创新相匹配的适应性改造。

基于以上特性，网络借贷的信用风险评估不能一味沿用传统金融机构的评估模型与方法，在数据获取、指标体系构建以及评估模型构建等方面都应有所针对。在网络借贷模型发展的初始阶段，可供研究的交易数据不足，无法通过定量研究对模型的有效性进行分析，研究主要集中于评估指标体系的构建。Freedman 和 Jin（2017）认为社交网络中的软信息蕴含着巨大的信息价值，将其纳入信用评估指标体系能够有效增加信用风险评估的准确性。杨薇薇（2014）从借款人、投资者和网络借贷平台三个方面进行分析，把网络借贷平台的赔付机制以及投资者资金分散度的分析加入借款人风险评估中，并利用 AHP 层次分析法建立模型以确定改进后的借款人风险评估指标体系的指标权重。张澜觉（2015）和姜岩（2014）认为用人工神经网络构建评估指标体系能够取得更好的效果。随着国外网络借贷平台交易数据的公开，以及国内专业机构对于交易数据的收集逐渐具有一定的规模，学者们逐渐开始构建网络借贷平台信用风险评估模型，并利用交易数据对各类模型的有效性进行检验。Vedala 和 Kumar（2012）利用关键的信贷和社会网络信息属性，建立了基于多重关系的贝叶斯分类方法来预测借款人的违约概率。Malekipirbazari 和 Aksakalli（2015）、于晓虹和楼文高（2016）根据网络借贷中样本数量少以及样本分布非均衡的特点，构建了随机森林信用风险评估模型，结果证明模型具有良好的预测性能。杨立（2015）将社交网络信息引入信用风险评估模型中，建立了 SN－Logistics 信用风险评估模型，结果发现引入借款人社交网络信息能够显著提升信用风险的准确性。沈玉溪和徐浩（2018）指出影响借款人违约风险的主要因素是借款人的借款收入比、信用等级、借款期限、借款利率和住房情况，借此构建风险评估模型对网贷借款人的违约风险进行评估，分析其影响因素和风险评估模型的有效性。

邹明芮（2018）以人人贷平台数据为样本，将 Lasso 算法与 Logistic 模型相结合建立信用风险度量模型，通过实证研究发现：信用等级、年龄、受教育程度、逾期次数以及成功借款笔数对信用风险有显著的影响，并且 Lasso - Logistic 模型有较高的预测准确率。张文等（2018）提出了一种基于 K - Means 聚类和支持向量机（SVM）的非均衡分类方法用以预测网贷平台风险，通过网贷之家真实数据比较试验表明，该方法能够更加准确地在早期进行网贷平台风险预测。阮素梅和周泽林（2018）利用 L1 惩罚 Logit 模型实证检验网贷信用违约的关键影响因素，并利用混淆矩阵与 ROC 曲线等分类评价方法，检验模型的违约预测效果；研究发现：L1 惩罚 Logit 模型有效地识别影响信用违约的关键因素，降低管理者的监管成本，准确预测信用违约状态，分析违约概率的关键影响因素。

网络借贷在市场定位与运营模式上同传统金融信贷模式相比具有一定的差异性，需要给其配备以适当的风险评估方法和体系。综观该领域现有文献，由于网络借贷的诞生时间以及平台运营模式长期之内的不确定性，对于网络借贷信用风险评估的研究仍处于初级阶段，即逐渐厘清了网络借贷模式信用风险评估中的核心思想和关键问题，但在模型的构建和实际评估中仍沿用以传统金融的信用风险评估模型和方法为主，无论在新型评估指标的引入和创新模式的构建上尚且不能适应互联网信息化的交易环境。

2.4.4 网络借贷的监管

由于网络借贷在国外起步较早，监管制度非常健全。尤其在英国和美国，网络借贷已经被纳入现行金融法律框架之内，对借款人的信用评级、平台的信息披露、投资者行为的限制与保护等方面有非常具体、完善的监管制度。英、美两国都已经将网络借贷纳入其原有的监管体系之内，英国的监管则以金融行为监管局（FCA）为主，美国以证券交易委员会（SEC）为主，以银行监管机构以及消费者保护局为辅。由于英、美两国的网络借贷都采用了纯平台的运作模式，因此，其监管的主要内容包括信息披露、公平竞争、消费者保护等。在我国，由于对互联网金融的包容性监管态度，网络借贷长期处于监管缺失状态，直到2015~2017年，随着互联网风险不断累积危及国家金融安全，才逐渐建立起“3+1”监管体系，但具体实施细则还未完全确定。同时，由于网络借贷业务跨区域特征明显，属地管理为主的监管手段不能完全匹配监管的需求，跨部门跨地区的监管协调机制也亟须建立。

由于我国的网络借贷起步较晚，并且监管制度漏洞较大，现有网络借贷监管的研究主要以国内为主。当前阶段，网络借贷的有效监管是决定该模式在我国能否健康发展的关键（尤瑞章、张晓霞，2010）。由于监管不力导致网络借贷风险加剧，严重影响了网络借贷市场稳定发展以及金融市场风险规避，陈诚（2018）认为《网络借贷资金存管业务指引》的颁布实施对行业发展、监管路径与范式创新有重大影响和重要意义。我国网络借贷行业存在的问题主要是由于民间借贷相关法律的缺失，长期机构监管和金融约束的政策影响，以及行业组织和行为监管的弱势共同作用产生的结果（刘绘、沈庆劼，2015）。谢平等（2014）认为以网络借贷为代表的互联网金融的发展不能采取自由放任的监管理念，审慎监管、行为监管、金融消费者保护等监管方式依然适用于网络借贷模式的监管，但需要针对其运行特征进行监管协调。贾丽平和邵利敏（2015）认为网络借贷在初始阶段应当采取适度监管原则，等到监管条件成熟时再调整监管的深度与广度。俞林等（2015）通过建立多方博弈模型，提出网络借贷行业系统性的监管策略，包括建立统一的信用评级系统，鼓励监管创新，建立市场准入、运行以及退出机制。杨东（2015）认为我国现行的管制型立法对于互联网金融信用风险的规制失灵，并催生了基于互联网金融的刚性兑付和担保依赖，从而抑制了以网络借贷为代表的互联网金融发挥信息工具的优势以及优化资源配置的功能。谢平等（2014）指出互联网金融主要风险是信息科技风险和“长尾”风险，对网络借贷的监管关键是信息监管，要实现充分信息披露。随后的研究更加强调运用高科技信息技术手段来实现技术监管。李政道和任晓脱（2016）指出可以依靠区块链技术的优势重建征信体系，从而降低网络借贷风险。北京大学数字金融研究课题组（2018）全面梳理了网络借贷的发展特征、理解角度、演变历程、存在风险等，指出缓释网络借贷风险的，认为风险分担模式下平台迅速转型为信息中介具有较大困难，单独使用其中某一种符合信息中介定位的风险分散方式都不足以保障我国网络借贷市场风险的释放，需要多管齐下并探索新的风险分担模式；要结合中国实际，构建中国特色的网络借贷信息中介；短期内重点消化相关存量，长期注重防范风险，构建切实可行的网络借贷缓释机制。杨立等（2018）认为社交网络可以在事前、事中和事后构成“三位一体”的信用风险缓释机制，有效缓解信息不对称导致的事前逆向选择；引入社交朋友关系后，连带责任带来的隐性契约有效缓解缺乏监督机制导致的事中道德风险；社交网络的社会制裁可有效缓解事后道德风险。

综观现有文献，学者们对网络借贷中风险问题已有较多关注和研究，但对于网络借贷中信用风险的识别和评估却有所混淆，并没有完全厘清风险识别的真正意义；而对于网络借贷信用风险评估模型的建立也主要以沿用传统模型为主，缺乏针对网络借贷环境下的模型适应性改造。对于网络借贷监管方面的研究由早些年的简单总结与概述逐渐深入对理论与制度的探索，旨在针对网络借贷的本质特征来探究合理的监管方案。研究以对现有监管制度与网络借贷模式的不匹配度解析，监管博弈以及国外监管模式的研究角度为主。

2.5 网络借贷的利率定价及其特征

金融市场上资金的供求状况决定了货币资金的价格——利率，但不同的市场有不同的交易制度和规则，利率的定价机制也各不相同。由于金融市场之间的相互分隔作用，不同市场上的价格相互关联、影响，各种利率并存，形成了不同的风险结构和期限结构特征。于是，利率的定价机制和利率的特征一直是金融市场研究的热点，网络借贷市场也不例外。

2.5.1 传统银行贷款的利率定价

现有关于贷款利率定价的研究主要是指商业银行的贷款定价。马理等（2013）基于 Rubinstein 的轮流出价模型，分析了市场化条件下商业银行与企业间贷款利率的价格形成机制，求解了不同出价次序下的博弈模型结果并进行仿真模拟，认为贷款利率由双方博弈能力决定，并且达成均衡的贷款定价受到商业银行与企业相对规模大小的影响。郑玉华和崔晓东（2013）基于风险中性原理建立有担保贷款利率与无担保贷款利率、无风险利率之间的一个简单实用的关系式，明确担保程度与贷款利率的关系，有助于银行简单有效地计算贷款利率并实现利率的动态调整。李建军和王德（2014）立足于中国分离式信贷市场结构，运用搜寻理论构建了分离均衡信贷利率定价模型，对我国利率市场化因素进行理论推演和实证检验，发现融资搜寻效率、市场风险对利率定价均有显著影响，尤其是在影子信贷市场利率定价中发挥基础性作用。李丹（2015）在渐进单因子模型基础上构建了信用风险测度方法，运用风险调整营利性指标 RAROC 推导出目标客户利率定价公式。许朝晖和吴浩铭（2016）推导出了基于《巴塞尔协议Ⅲ》并符合我国实际的中小企业贷款定价模型——修正后的 RAROC 贷款定价模型，通过案例测试发现《巴塞尔协议Ⅲ》对我国中小企业贷款定价的影响是复杂的，很大程度上取决于银企关系的密切程度。许丽莉（2016）在传统的基准利率定价模型的基础上，考虑违约损失的随机性，运用信用等级转移矩阵，结合不同的信用等级违约损失率、资本收益率及预期收益率，得出不同信用等级客户的不同期限贷款利率定价。

龙海明和邓太杏（2007）基于信用评级体系建立风险定价模型，证明贷款的价格与借款人的预期违约率、贷款回收率、借款人信用等级有关，并且在贷款期间内，借款人信用恶化程度越大，发生概率越高，贷款利率越高。梁凌和吴丹（2008）运用某银行提供的有关数据，基于 RAROC 实证研究我国信贷配给的贷款市场中贷款风险定价的边界行为表现。王文胜和王珊（2008）研究了我国商业银行在信息不对称条件下对企业违约风险进行甄别和定价方法的适用性和局限性。薛锋和孙进（2009）发现银行现行定价容易低估贷款风险，于是根据风险—损失—补偿传导原理构建了基于 RAROC 方法的贷款风险定价框架和模型，该方法可衡量贷款风险并给出适当的价格补偿。孙会霞等（2013）从商业银行金融中介功能的角度出发，系统地考察了银行业股份制改革过程中银行信贷筛选和定价能力对企业贷款可获得性和融资成本的影响，研究发现虽然商业银行的信贷配置效率有所提高，但在对企业信用风险进行合理定价的能力仍然明显不足。

2.5.2 网络借贷的利率定价机制

网络借贷中，借贷双方通过平台进行撮合成交，其价格决定机制一般由平台来设计，从实践来看，主要分为两种类型：竞价拍卖型和平台匹配型。竞价拍卖型机制下，一般由借款人先确定借款的金额与期限，设定好所愿意接受的最高利率，然后投资者根据借款人的信息进行判断决策是否对其进行投资，选择投资的金额，并对利率按照拍卖原则（一般为荷兰式拍卖）进行竞价。平台匹配型机制下，借款人提出借款申请，平台对其进行信用评估，并根据其信用评级来匹配其借款利率，投资者根据借款人信息进行投资决策。围绕这两大类利率定价机制，国内外学者进行了比较性研究。

张晓玫（2015）将网络借贷平台利率定价分为三种模式：平台定价、借款人定价、平台与借款人协商定价三种。沈伟雄（2015）将国外网络借贷利率定价模式分为平台定价模式（单列型和市场型）、竞价拍卖模式（目标导向型和价格导向型），国内平台基本模仿了国外成熟的利率定价模式，但由于国内外相关环境差异较大，这两种定价机制并没有发挥出应有的效果。张晶蕾和孙英隽（2015）利用拍卖机制模型对公开竞标的贷款定价方式进行探究，认为公开竞标方式可以改善信息披露，降低借款人的成本，借款人和投资者在公开竞标的贷款定价方式下都可以获得灵活的选择空间，从而提高借贷成功的比例。陈虹和马永健（2016）运用不完全信息贝叶斯博弈理论分析了两种利率定价模式的差异及其对均衡成交利率的影响，结果表明在其他条件一致的情况下，拍卖竞价形成的均衡利率高于平台定价，并且其耗时较长，效率较低。马理等（2016）构建了包含贷款人、借款人和借贷平台三方的博弈模型，研究了基于竞标模式的P2P网络借贷利率价格形成的机制，借贷平台的双边收费模式是打入贷款人剩余与借款人剩余中的一个“楔子”，激烈竞争会降低中标利率，有利于缓解小微企业贷款难问题，并通过改善消费信贷借款人的收益状况来促进消费增长。周正龙等（2017，2019）在对比国内外不同网络借贷平台差异性的基础上，剖析了国内平台直接采用国外定价模式的不足与缺陷，据此设计了动态逆向拍卖机制和双边拍卖机制，为国内平台优化利率定价机制指出了改进方案。Chen 等（2014）研究了 Prosper 的竞价拍卖机制在完全信息和非完全信息条件下的纳什均衡利率，发现相比 VCG 机制，拍卖竞价机制的确可以为借款人谋取更大报酬。Wei 和 Lin（2016）对比了 2010 年前后 Prosper 的定价机制——拍卖竞价与平台挂牌定价之间的差异，发现拍卖竞价的均衡利率更低，但平台挂牌定价的成交率更高，同时违约率也更高，社会福利损失更大。崔婷和刘家麒（2018）从双边市场理论的视角建模进行的实证研究结果表明：网络借贷成交利率的形成与变动并非孤立因素导致，平台双边借贷用户供求关系、外部资金成本等多重因素均对网贷利率有显著影响，网络借贷市场的利率形成机制呈现出高度市场化的特征。彭红枫和徐瑞峰（2018）基于人人贷平台的历史数据研究了网络借贷平台的利率定价，结果表明仅有 12.18%的贷款项目利率定价基本合理，高信用等级贷款项目利率大多被高估，低信用等级贷款项目利率大多被低估；利率被低估的借款人所属行业大多为低端服务业及其他聘用人员流动性较强的服务行业，利率被高估的借款人所属行业则大多属于农业、制造业等劳动密集型产业，而其他行业理论利率与真实利率差异不大。王姗和王飞（2018）借助因子分析法构建网贷平台金融资源配置效率的评价体系，并通过实证研究发现指导利率与平台金融资源配置效率显著负相关，与平台交易效率显著正相关；说明网贷平台制定高指导利率的做法能够提升交易效率，但却会导致金融资源的无效配置。

2.5.3 网络借贷的利率特征及溢出效应

关于网络借贷市场的整体利率特征，现有文献主要围绕利率定价水平的高低及其波动溢出效应两大焦点。陈霄和叶德珠（2016）对我国 2012 ~ 2014 年的网络借贷整体利率进行了实证研究，发现利率具有逆周期性特征，并且与Shibor利率之间存在明显的单向溢出效应。何启志和彭明生（2016）利用多元Garch模型研究了网络借贷利率、Shibor利率及国债利率三者之间的价格传导关系，发现Shibor利率及国债利率均对网络借贷利率具有单向波动溢出效应，但没有逆向的传导关系，说明网络借贷市场受传统金融市场的影响较大，但作为新兴市场，其利率在整个金融市场上作用有限。韦起和张强（2015）研究了网络借贷市场风险与商业银行理财产品利率之间的关系，发现网络借贷风险对商业银行有明显的溢出效应。刘镜秀和门明（2016）利用Copula函数对网络借贷市场、股票市场和债券市场收益率之间的相互关系进行了实证检验，发现其与股票市场、债券市场之间不存在显著的风险溢出效应。

网络借贷市场通过其利率传导作用，也对货币政策产生了一定影响。从网络借贷对货币政策有效性的冲击作用看，网络借贷通过影响资金漏损率、活期—定期转化率、利率定价等渠道影响基础货币量和货币乘数，从而影响货币政策的有效性，并对货币供给的可测性和可控性形成冲击。黎伟和王亚星（2016）经研究发现，网络借贷可以影响金融市场利率，严重影响货币政策调控的准确性，使货币政策传导机制受阻，效率大大降低。唐珺钰（2015）利用VAR模型构建货币政策冲击模型，在引入网络借贷规模变量后，利率变动对商业银行信贷规模的影响效果显著降低，说明网络借贷的确阻碍了货币政策的利率传导效力。刘贵斌等（2016）的研究发现，互联网金融体系也具备信用创造功能，但是法定存款准备金率政策对其影响不大，导致货币政策数量传导的效力大大降低。贺达（2018）基于网络借贷市场每日的综合利率数据进行脉冲响应分析发现：网络借贷利率与沪深300指数收益率不存在因果关系，网络借贷利率与Shibor利率存在相互影响。李志勇和余湄（2018）研究发现我国网络借贷利率定价总体偏高，且利率受证券市场景气度的影响，牛市时借贷利率处于严重高估状态。谢文武和汪涛（2018）基于当前网络借贷利率呈现下降趋势的特征，运用双边随机边界模型对借贷双方的议价能力进行实证研究证明：借贷双方的议价能力受到贷款总额、借款期限、借款人信用情况、担保情况等方面的影响。

钱金保（2015）利用市场分割理论对网络借贷市场与传统信贷市场之间的逆周期缓释效应进行解释，发现网络借贷与传统信贷市场存在明显的分割特征，网络借贷利率与成交规模对货币政策波动并不敏感，阻碍了货币政策的传导效力。李浩然（2018）通过多维度模型间的比较建立了包括网络借贷市场自身维度、宏观经济维度和相关市场维度的三维度回归解释模型，基于投资者与借款人比重、网络借贷市场平均借款期限、工业增加值、消费物价指数及银行间理财产品平均收益率五个显著影响因素较好地解释了网络借贷市场利率风险溢价的变动原因。

综上所述，现有关于网络借贷中利率定价机制及利率特征的研究都还是基于传统借贷市场已有的方法，针对现有利率形成机制的深入剖析并不多，也鲜有学者将各参与方纳入统一的博弈框架内对不同利率形成机制进行对比，更无法探究各参与方之间的博弈如何影响借贷资金的供求进而影响最终的均衡利率，以及产生影响的内在机理。

2.6 软信息在网络借贷中的作用与影响

国内外关于网络借贷的研究主要集中在以上四个方面，这些研究中学者们也都发现了信息处理的重要作用，但却没有学者专门就信息在网络借贷中的地位、作用与影响进行专门研究。

Stiglitz 和 Weiss（1981）最早指出，传统借贷市场中借贷双方之间的信息不对称导致逆向选择和道德风险，因此传统金融机构一般通过改善银企关系、推动信用评级和担保制度来缓解信贷配给。许多奇和唐士亚（2018）认为我国网贷信息规则的核心功能在于满足监管需要，侧重于获取事实信息，缺乏对金融监管机关、网贷平台和投资者之间信息交流机制的规定。从信息规则到信息规制，体现了信息视野下网贷治理从规则文本到多元规制的提升。网贷信息规制在制度导向上须平衡各方信息占有，强化金融监管机关的信息能力并增进风险信息的交流；在制度设计上应明确对网贷平台的监管定位，实施“自我承诺类”信息规则，构建公共化的信用信息平台，并完善投资者风险信息教育。南洋和徐鹏（2018）通过将信息验证机制加入信息不对称下的双边借贷模型，在理论上分析了信息验证机制对于缓解信息不对称的意义，对网贷之家数据的实证检验表明：信息的公开与验证能有效促进网贷平台交易量的提升与人气的聚集，但高水平的流动性未能有效促进平台成交量与人气的提升，反倒是高杠杆水平对于投资者更具吸引力。

对借款人进行信用评级所需的信息分为硬信息和软信息，硬信息指的是不具有个性化特征，易于量化、编码和传递的信息；软信息指的是难以按照标准化方法进行量化、处理和传递的信息。Berger 和 Udell（2002）认为基于软信息的关系型贷款理论可以缓解中小企业贷款难题；郭娜（2013）则认为完善中小企业信用评级制度才是关键；艾洪德和蔡志刚（2001）、李稻葵等（2016）认为信用评分技术在中小企业贷款和个人消费贷款中能够发挥积极作用。但是因为我国征信体系尚不完善，对于中小企业的软信息采集需要长期大量的付出，所以短期内很难改善中小企业融资难的问题。

网络借贷突破传统借贷模式的障碍，通过互联网技术实现了资金在更广空间、时间范围内的流动，为金融市场上的“长尾”群体提供了便捷、高效、低成本的金融服务，成为普惠金融的一种重要形式。Rysman（2009）认为，居于借款人和投资者之间的网络借贷平台，其实质是一个充当信息中介的双边平台，通过信息传递来匹配借贷双方的需求、降低交易摩擦、减少搜寻成本。与传统借贷相同，如何突破借款人与投资者之间的信息不对称是借贷成功的关键，虽然网络借贷为双方提供了互联网平台以促进信息的交流，解决了信息传递的渠道问题，但由于处于金融市场“长尾”中的借款人往往缺乏足够的资产和稳定的收入等硬信息以证实其还款能力，也没有足够好的信用历史、人脉关系和行为偏好等软信息以证实其还款意愿，投资者对信息的有效性缺乏专业的识别和审查手段，无从对借款人做出信用评价，最终难以避免“道德风险”和“逆向选择”的后果。李焰等（2014）通过对拍拍贷平台数据的实证研究认为，借款人的描述性信息对投资者决策有重大影响，能够提高借款人的借款成功率。王博等（2017）通过对人人贷平台数据的实证分析发现，充足的硬信息披露有助于抑制信息扭曲，提高市场的透明度；在硬信息不足情况下，软信息可以替代硬信息发挥作用，因此长尾群体可以通过积累软信息以缓解信贷约束。刘征驰、赖明勇（2015）也证实，在抵押品不足情况下，通过引入奖惩机制，作为虚拟抵押品的信誉资产可以实现网络借贷市场的分离均衡，从而实现资金的优化配置。借款人的所有个人信息都体现在网络借贷平台对其信用评估的结果上，具体表现为信用级别或者信用分数。Klafft（2009）对美国Prosper平台的检验结果显示，借款人信用评级越高，越容易获得贷款并且借款利率越低；Pope和Sydnor（2011）发现借款人的年龄、性别、种族和外貌都会通过其信用评级影响到其借贷结果；Freedman和Jin（2017）认为借款人透明的财务信息可以帮助其获得借贷资金；Herzenstein和Andrews（2008）、Iyer等（2010）则都认为债务收入比是影响借款可得性的重要财务指标。王会娟和廖理（2014）基于人人贷平台数据对信用认证机制对借贷行为的影响研究发现，信用认证机制的确能够揭示违约风险，但该平台的评级指标过于单一致使作用有限，应通过完善多层次的认证指标来进一步缓解信息不对称问题。虽然借款人的硬信息和软信息都能够给投资者提供较多的决策依据，但由于各种信息属于多重维度的大数据信息，难以进行统一度量，再加上投资者信息识别的专业能力不一，造成了信息更加不对称的严峻局面，导致网络借贷中出现较为普遍的投资者“羊群效应”现象。廖理等（2015）认为投资者在参与人数和满标时间上的“羊群效应”是因为利率并未完全反映投资者的违约风险，是信息不对称条件下投资者信息搜寻和识别的理性结果。

在网络借贷中，一般投资人因陷入信息陷阱，很难依据自身理性做出利己判断，处于与传统消费者类似的弱势境地，从而导致其身份转化与角色嬗变，成为新型市场主体即金融消费者。张运书和李玉文（2018）认为网络空间传递的硬信息对金融消费者缺乏保障功能，金融消费者不能运用与传统软信息相联结的社会声誉机制约束借款人和借贷平台，从而使金融消费者在与网络平台和借款人的信息博弈中处于弱势地位，其合法权益容易致损；信息工具的应用内嵌于交易信息与信用风险的本质关联中，只有沿着信息工具的作用路径规制交易，才能有效破解金融消费者权益受损的迷局。庞金波和霍青（2018）提出银行可将贷款信息外包给网络借贷平台，平台运用模糊集理论构建贷款信息交易匹配度计算方法，建立以银行、借款人和平台三方收益匹配度最大为目标的交易匹配模型，运用运筹学中的匈牙利算法对模型进行求解和仿真试验；结果表明当银行与网络借贷平台合作后对中小企业的贷款信息匹配度要高于银行用传统线下方式对中小企业贷款时的匹配度，论证了模型的可行性与有效性。

综上所述，国内外已有研究成果均指出了信息在网络借贷中的重要作用，但却普遍忽视了国内外网络借贷平台的差异性问题。由于我国征信体系并不完善，在营运初期网络借贷平台信息储量不足，信息不对称极为严重，国内平台企业大多采用承诺保本、全额抵押、第三方担保或者风险备付金等方式来吸引客户，充当了信息中介和信用中介的双重角色，所以平台自身的特征也对投资者的交易决策有重大影响，但现实中相关研究比较少见。

2.7 文献评价与本书的研究方向

2.7.1 文献评价

通过回顾近年来有关金融科技与网络借贷发展的研究文献，可以看出目前国外关于金融科技平台参与者行为规律、信用机制、风险管理等的研究已经比较成熟，但这些研究大多基于外国成熟的法律框架和信用体系，很少涉及我国相关行业存在的问题。国内现有研究虽然也得出了一些研究成果，但不论在研究内容结构上还是方法体系上，都存在一些疏漏和不足之处。

2.7.1.1 *在研究内容上，较少涉及金融科技平台的核心问题——风险定价*

国内的研究文献主要集中于三个问题：第一个问题是金融科技业态发展和业务模式分类，该问题的研究已较为充分，但大多是从表层进行对比研究，缺乏从理论角度对各种新模式、新业态的经济逻辑进行解释，不能用理论对行业的实践发展进行预测和指导。第二个问题是对网络借贷融资可得性和融资成本的影响因素及借贷参与者行为规律的研究，该领域有丰富的国外文献可以借鉴，但由于短期内我国行业整体数据累积有限，国内学者只能用某个平台数据来挖掘微观行为特征，对网络借贷市场的整体研究不足，对网络借贷市场的宏观金融功能作用及影响研究有限。第三个问题是网络借贷行业风险管理，由于我国的制度环境因素，目前该领域研究文献虽多，对如何有限管控风险却没有形成一致的结论。一些看似有效的建议由于实施条件不足，还需要用时间来检验。除此之外，对于网络借贷的利率定价机制及其特征、软信息在网络借贷中作用等问题也略有涉及，但研究都不深入，也没有形成比较一致的结论。

可以看出，现有文献在研究内容上，并没有抓住金融科技发展的核心问题——风险定价。虽然对于信用风险的识别、评估与监管形成了一些结论，但大多是对传统风险管理理论的模仿和借鉴，没有根据金融科技的技术特征和信息特征进行有针对性的设计。

2.7.1.2 从整体研究框架来看，缺乏成熟的理论依据，没有形成完整的分析框架

从现有文献来看，大部分的实证研究都只是验证了网络借贷中借款人或投资者的一些行为规律及其对交易结果的影响，然后对实证结果进行了简要的分析。但这些结论并没有太多的理论基础，很少有学者从利用现有的经典经济学理论对这些结论进行理论挖掘与推演，使这些结论并没有太深的经济学价值。另外，现有文献的研究内容与结论之间缺乏内在逻辑关联，没有形成完整的分析框架。

2.7.1.3 在研究方法上，定性的理论研究与定量的实证研究脱节，无法相互支撑

综观现有文献的研究方法，2015 年前的文献大多是对网络借贷的定义、分类、发展动因及运作模式的定性研究；2015 年后因为平台交易数据的积累，学者们开始运用数理模型对数据进行实证研究，但这些实证研究大多是对一些浅显假设结论的数理验证，比如借款人特征对借款成功率、借款成本和借款额

度的影响等方面，所采用的具体方法过多地追求计量模型的繁杂与完美，而经济学意义不突出，实践中的利用价值较低，不能给参与者提供有价值的指导和参考。

总之，因为金融科技行业在我国兴起不过七八年，大多数研究也都集中在近五年以内，由于实践中行业的粗放式发展，在理论研究上大多学者的研究重心有所偏颇，对于金融科技的关键问题——风险定价关注不够，现有文献在研究中大多偏向利用数据进行实证检验，缺乏足够的理论支撑，所以并没有形成比较完善的理论框架和方法体系。

2.7.2 本书的研究方向

现有文献的研究疏漏为本书提供了极大的理论研究空间，而行业未来新的发展方向为本书提供了检验理论的实践平台。围绕金融科技平台的风险定价问题，本书拟以金融科技的典型代表——网络借贷为主要研究对象，主要从以下三个方面进行研究，以弥补和丰富现有的研究成果。

2.7.2.1 网络借贷平台的利率定价机制

网络借贷平台不同于普通的商品市场和金融市场，最终的成交利率不仅取决于供求双方的资金实力，还受到利率定价机制的直接影响。根据借款人、投资者和借贷平台三者在价格博弈中的先后次序可以将利率形成机制分为三种：拍卖竞价、借款人报价和平台定价，本书拟对不同机制下最终成交的利率和成交概率进行对比研究，从而对目前网络借贷中的价格扭曲与资金配置失灵问题进行深层次分析。

2.7.2.2 软信息及网络借贷平台在风险定价中的作用机理

由于网络借贷中借款人的“长尾”特性，传统基于借款人硬信息的风险识别和信用评级理论受到极大限制，本书拟借助信息经济学中的信号传递与信息甄别模型来识别信用风险，从而建立基于软信息的信用评级体系对借款人信用风险进行评估。

2.7.2.3 网络借贷平台风险定价中均衡利率的决定

投资活动中风险与收益之间平衡是最基本的原则，网络借贷中如何实现不同风险借款人的利率匹配的分离均衡是最核心的问题。根据风险资产定价理论中的基准利率定价法，则必须在基准利率的基础上对额外的违约风险进行补偿，从而决定最终利率。本书拟运用实证分析法，利用美国 Prosper 和我国人人贷平台数据，对均衡利率的影响因素进行对比分析和实证检验。

3 金融科技平台风险定价的理论分析

金融科技作为互联网及信息技术与传统金融业务结合的创新产物，虽然呈现出许多新的特征，但金融风险的本质属性并没有被改变，甚至风险传递更快、影响更深、波及更广。在金融科技的理论研究与实践发展中，风险定价是最核心的问题。如何根据借款人信用风险对其利率进行合理精准的定价，不仅是金融科技平台的核心技术与竞争力，更是市场有效运行的关键。本章从金融科技、网络借贷的定义与特征出发，以价格机制理论、风险资产定价理论和信用评级理论为基础，构建理论分析框架，对网络借贷中的风险定价问题进行详细分解与深入剖析。

3.1 金融科技及其风险概述

3.1.1 金融科技的界定

2016 年，金融稳定理事会将金融科技定义为“技术带动的金融创新”，是对金融市场、金融机构、金融服务供给产生重大影响的新商业模式、新技术应用、新业务流程、新产品服务等，既包括前端产业也包括后台技术。按照这个定义，自 2013 年起在我国兴起的互联网金融也属于金融科技的范畴，但是互联网金融更侧重于前端的产业模式，所以在经营理念上和监管上脱离和违背了金融行业规律，导致出现异构风险。对于金融科技的分类，不管是根据前端业务还是后台技术，都已经有了比较一致的划分。金融科技的业态主要包括网络移动支付、数字货币、P2P 网络借贷、股权众筹、电子交易、智能投资以及互联网保险等，与互联网金融的划分非常一致，说明不管是金融科技还是互联网金融，在前端业务上的确高度雷同。金融科技的后台技术主要包括人工智能、区块链、云计算和大数据这四种技术，这与互联网金融的技术基础也基本一致。

金融科技涉及的技术具有更新迭代快、跨界、混业等特点，是大数据、人工智能、区块链技术等前沿颠覆性科技与传统金融业务与场景的叠加融合，主要包括大数据金融、人工智能金融、区块链金融和量化金融四个核心部分。

大数据金融重点关注金融大数据的获取、储存、处理分析与可视化。一般而言，金融大数据的核心技术包括基础底层、数据存储与管理层、计算处理层、数据分析与可视化层。数据分析与可视化层主要负责简单数据分析、高级数据分析（与人工智能有若干重合）以及对相应的分析结果的可视化展示。大数据金融往往还致力于利用互联网技术和信息通信技术，探索资金融通、支付、投资和信息中介的新型金融业务模式的研发。

人工智能金融主要借用人工智能技术处理金融领域的问题，包括股票价格预测、评估消费者行为和支付意愿、信用评分、智能投顾与聊天机器人、保险业的承保与理赔、风险管理与压力测试、金融监管与识别监测等。人工智能技术主要包括机器学习理论等前沿计算机科学知识，主要基于算法。机器学习理论是人工智能概念范畴下的一个子集，主要覆盖三大理论：监督学习、无监督学习和强化学习。

区块链技术是一种去中心化的大数据系统，是数字世界里一切有价物的公共总账本，是分布式云计算网络的一种具体应用。一旦区块链技术成为未来互联网的底层组织结构，将直接改变互联网的治理机制，最终彻底颠覆现有底层协议，导致互联网金融的智能化、去中心化，并产生基于算法驱动的金融新业态，一旦成熟的区块链技术落地金融业，形成生态业务闭环，则金融交易可能会出现接近零成本的金融交易环境。但需注意的是，由于共识机制、私钥管理和智能合约等存在技术局限性和面临安全问题，区块链技术整合和应用落地将是一个长期的过程。

量化金融以金融工程、金融数学、金融计量和金融统计为抓手开展金融业务，它和传统金融最大的区别在于其始终强调利用数理手段和计量统计知识，定量而非定性地开展工作，其主要金融场景有高频交易、算法交易、金融衍生品定价以及基于数理视角下的金融风险管理等。量化金融一直被视为金融业高端资本与智力密集型领域，科技含量极高，但近几年，高频与算法交易、金融风险管理、保险精算越来越依靠工业级大数据（如实时、海量、高维和非结构化数据）、人工智能前沿技术以及区块链技术来解决问题或重构原有金融业务逻辑、产品设计流程、监管监测控制环节。

3.1.2 金融科技平台功能的实现

金融最基本的功能就是实现资金的融通，优化资源配置；直白点说，就是把社会上资金盈余方（借出方）的闲散资金，通过金融工具配置给资金短缺方（贷入方），在时间和空间上实现资金的优化配置；同时，为了防止贷入方的违约行为，借出方需要对贷入方的信息进行了解，并对所收集的信息进行处理，从而制定相应的风险防范措施，如图 3.1 所示。

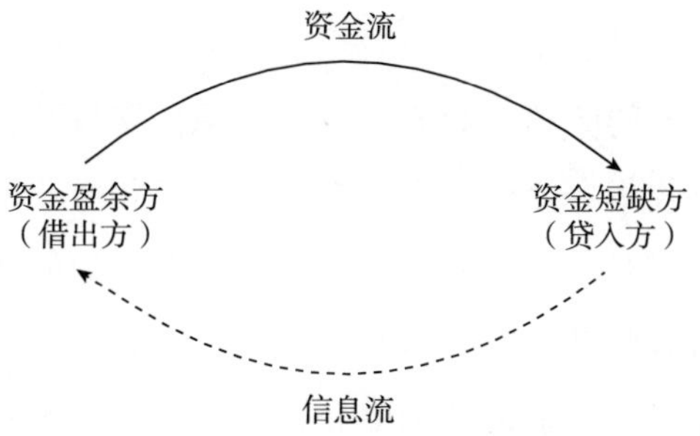

图 3.1 金融功能示意图

注：图中实线箭头代表资金流，虚线箭头代表信息流（下同）。

在实现资金融通的过程中，有三个关键问题构成了金融的支柱：①资金是如何流动的，即支付方式问题；②信息是如何流动的，即信息处理问题；③资金是如何配置的，即资金配置问题。根据这三个问题的不同，可以将金融划分为传统模式（金融中介模式和金融市场模式）和金融科技平台模式（网络借贷即属于典型的金融科技平台模式）。

3.1.2.1　金融中介模式

金融中介模式是指用金融中介机构在资金的贷出方和借入方之间建立桥梁，实现资金的转移和信息的流动，典型的金融中介就是商业银行。商业银行一方面从资金贷出方手中吸收存款，另一方面通过对借入方的信息进行审核来发放贷款，从而实现资金的流动，如图 3.2 所示。

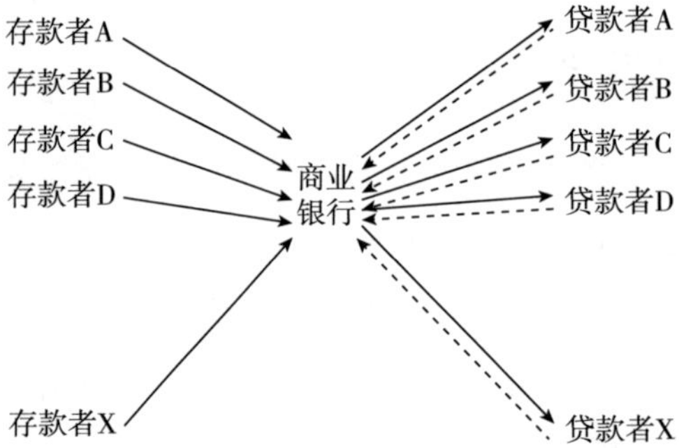

图 3.2　金融中介模式功能示意图

在此过程中，资金的流动一般通过传统的现金支付和银行支付清算体系来完成；借入方的信息收集主要依靠借入方主动申报和商业银行的尽职调查，信息处理主要是商业银行对借入方的资信状况和还款计划的评估，并根据评估结果来决定将资金贷给哪些借入方，从而实现资金的配置。这种模式下，金融中介机构既是支付中介，同时也是信用中介，不仅解决了资金的跨期、跨区流动问题，更在资金的贷出方和借入方之间建立了信用的桥梁，但这座桥梁却只是一座“断桥”，因为借入方的信息流到商业银行后就停止了，并没有传递给贷出方，资金供求双方的信息严重不对称。所以，商业银行在吸收存款形成资金池后，单方面对借入方评估后主导了资金配置过程，很容易导致资金错配问题，包括期限错配、额度错配和收益风险错配，这种错配一方面使资金配置效率低下，另外错配风险也是商业银行所面临的主要风险之一。

3.1.2.2 金融市场模式

金融市场模式是指通过金融市场将资金的供求双方聚集在一起，通过公平、公开、公正的交易机制来实现资金的流动，如图 3.3 所示。在此过程中，资金的流动主要通过股票、债券、基金、保险等金融产品的投资和融资功能来实现，支付方式主要靠“银证通”业务和第三方存管业务利用银行支付清算体系来保障；信息的流动则通过金融市场法律法规强制性地要求融资方进行主动披露和券商的尽职调查；投资人根据公开披露的信息对融资方的资信状况和盈利前景进行评价，然后自主选择投资对象，从而实现资金的优化配置。

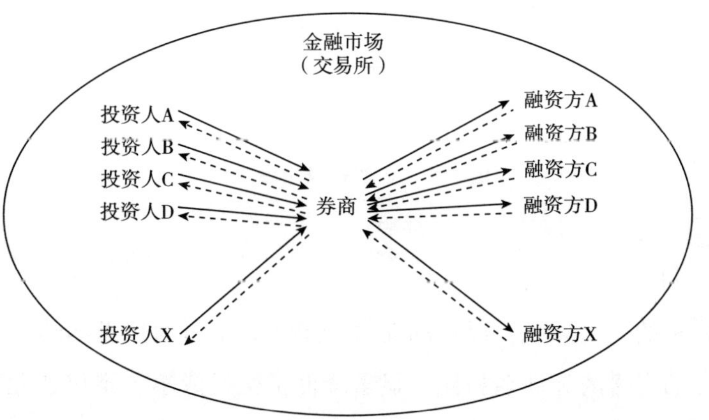

图 3.3 金融市场模式功能示意图

在金融市场模式中，券商更像是一个金融中介，主要负责资金和信息的处理和传递，将融资方全面有效的信息传递给投资者供其作投资决策，投资的收益和风险由投资者自主承担，充分发挥金融市场的价格机制功能。但与此同时也存在着难以解决的难题，一方面，券商与融资方容易利用信息优势，通过合谋来欺诈处于信息劣势的中小投资者；另一方面，金融市场过高的进入门槛将绝大多数融资方拒之门外，使资金配置效率大大降低。

3.1.2.3 金融科技平台模式

与传统的金融中介模式和金融市场模式相比，金融科技平台在支付方式、信息处理和资源配置方式上都显著不同。资金的借入方的个人信息通过互联网实现了充分共享，信息不对称程度大大降低；通过大数据和云计算等互联网技术对信息进行处理，贷出方可以对借入方进行客观评价，然后根据评价结果自主选择与自身风险偏好相适应的投资对象，如图 3.4 所示。

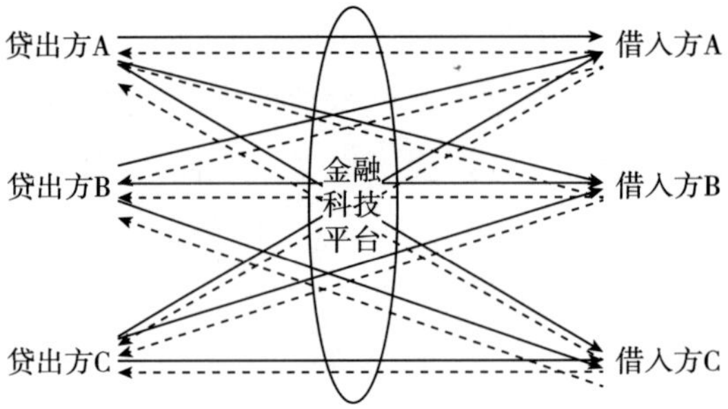

图 3.4 金融科技平台功能

（1）支付方式。

网络借贷的支付方式，以移动支付和第三方支付为技术基础，与传统的以银行为主导的支付清算体系相比，显著降低了交易成本。不仅如此，P2P 网络借贷中的支付往往还与金融产品挂钩，促进了商业模式的丰富。

（2）信息处理。

由于传统的金融模式中资金供求双方存在严重的信息不对称，金融中介和金融市场必须通过法律和技术手段来促进信息流动，相应地也增加了资金供需双方的资金成本。在网络借贷中，大数据被广泛应用于信息处理，有效提高了风险定价和风险管理效率，显著降低了信息不对称程度。借入方的所有信息都在互联网上进行共享，贷出方随时可以对借入方的信息进行审核、筛选，根据其资信状况和风险偏好特征来确定适合自己的投资对象。这种信息处理方式，是其与商业银行间接融资模式、资本市场直接融资模式的最大区别。

网络借贷基于客户信息居间撮合，促进了资金供需双方直接对接。网络借贷平台根据借款人上传的身份信息和证明材料进行信用初评，信用评价结果随着其借款成功次数、逾期率、逾期天数等信用记录的改变而动态调整。在贷前，贷款人通过观察公开的借款人信用评价结果、信用记录、该笔借款特征、借款人的人口统计学特征等“硬信息”来做贷款决策，并可利用互联网社交网络甚至“人肉搜索”掌握更多“软信息”，使网络借贷的逆向选择风险得到一定程度的遏制。在贷后，网络借贷平台及业内有关第三方组织的“黑名单”“曝光栏”能及时警示失信的借款人情况，能较为有效地防止道德风险发生。比如，采取线上运营加第三方担保模式的陆金所，放贷人通过网络借贷平台获取借款人信息，签订借款合同，担保公司对本金、利息担保并进行风险审核。“人人贷”采取线上线下相结合的模式，通过线下发展贷款用户、实地考察、委托线下公司进行信用评级，再将贷款信息发布在网络借贷平台上，供放贷人投资选择。

（3）资源配置。

传统金融模式中，信息不对称引起借入方的道德风险和贷出方的逆向选择，最终导致信贷配给和市场失灵，资金配置效率低下。在网络借贷中，交易可能性边界得到极大拓展，不再需要通过银行、证券公司或交易所等传统金融中介和市场对资金供求进行期限和数量匹配，而可以由交易双方自行解决，极大地提高了资金配置的效率。如图 3.5 所示，假如资金供需双方都可分为风险偏好者、风险中性者和风险规避者三类，因为彼此都了解对方的资金规模、时间和风险偏好特征，很容易通过双向选择进行资金和风险匹配。因为不存在资金池现象，资金错配问题得到极大改善，风险大大降低。

3.1.3 金融科技风险的生成

金融风险从定义上是指金融资产收益的不确定性，表现为金融资产价格的波动，其根源在于信息不对称所引起的逆向选择和道德风险问题。由于金融中介在资金配置中出现的期限错配、信用错配和流动性错配导致资产收益受到损

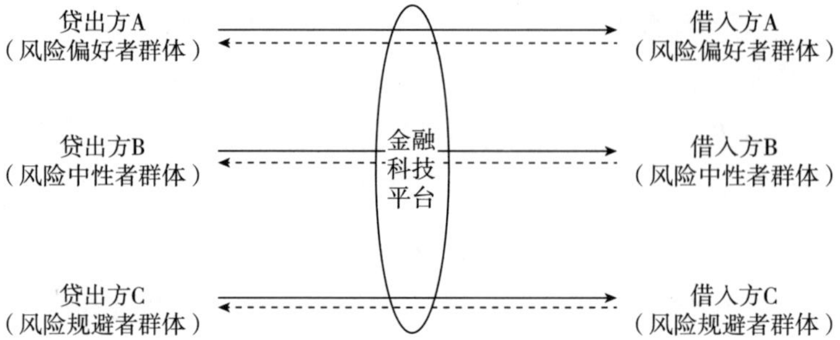

图 3.5 金融科技平台资金配置示意图

失，可以将其分为信用风险、流动性风险、制度风险、操作风险、市场风险和技术风险等。基于高新技术工具的金融风险不过是改变了风险产生和传播的渠道、速度与影响范围，使风险的技术特征更加凸显。从金融科技的本质来看，仍然是互联网及信息技术在金融行业中的应用，并没有改变金融的风险本质，但更多体现为技术风险和操作风险，传统的风险管理理论与方法同样适用。但是，金融科技使金融风险传播速度更快、更隐蔽，传播范围更大，增加了金融系统性风险，脱媒风险和技术风险更加突出，数据风险与信息安全风险相互交织，容易造成地方政府之间的监管套利行为。尤其是大数据、云计算、物联网、人工智能等创新技术，虽然促进了金融创新，但也加速了金融风险外溢，加剧了金融大数据风险，金融网络安全风险凸显，技术依赖风险越甚。金融科技使金融业从运营方式到融资方式，甚至货币本身形式都发生了根本性变化，尤其 2008 年次贷危机后美国的监管机构把监管重点对准大型金融机构，却忽视了小微金融市场，但小而分散的金融市场更容易受到技术进步和经济危机的冲击，透明度更低，因此面临的金融科技风险更大。

金融科技本是金融与科技融合创新的产物，其风险也内含金融与科技双重属性。一方面，金融发展离不开金融创新，但金融创新活动往往会使监管制度出现漏洞，隐藏金融风险，诱使金融犯罪，危及金融安全，于是监管部门弥补制度漏洞，完善的制度体系又会激发另一轮金融创新，这就是“金融创新螺旋”。另一方面，技术进步使原有技术出现漏洞，技术风险暴露危及科技安全，诱发高科技犯罪活动，监管部门弥补技术漏洞又会激发下一轮技术进步，这就是“技术进步螺旋”。综合金融创新与技术进步的辩证分析，结合金融风险与技术风险的耦合分析，本书提出金融科技风险生成的“双螺旋”机制（见图3.6），可以从深层揭示金融科技风险的生成机理，厘清金融科技监管的基本问题。

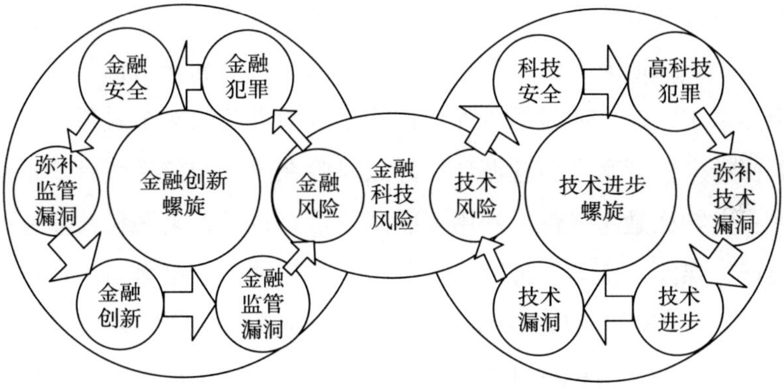

图3.6　金融科技风险的生成机理：金融创新与技术进步的双螺旋

3.1.4　金融科技风险的传导

与传统金融风险相比，金融科技风险的传播速度更快、范围更广、破坏力更强；但是在不同金融业态中呈现不同的特征，有不同的传导机制与传播途径。在银行、证券、保险等传统金融行业，由于金融科技应用范围有限，所以风险发生频率较低，在中央监管相对成熟的环境下，最多只能导致局部金融机构风险，影响范围不易扩散，很难诱发系统性金融风险。但是在隶属于地方监管的非传统金融领域，主要是民间融资为主的非持牌金融机构，包括“7+4”类机构（“7”指：小额贷款公司、融资担保公司、区域性股权市场、典当行、融资租赁公司、商业保理公司、地方资产管理公司；“4”指投资公司、农民专业合作社、社会众筹机构、地方各类交易所）和“两非”（非法金融机构和非法金融活动）领域，金融科技的应用范围更广，业务模式更为复杂。由于业务门槛较低，投资者风险意识较弱，参与者之间的信息不对称程度更高，往往呈现出新型风险形式，比如非法集资、平台跑路、暴力催收、信息黑市、非法中介等，风险传导中介不仅是网络或者市场价格，也可能是非法经营活动。

金融科技风险往往倾向于监管较为薄弱的地区和行业，沿着区域传导和行业传导两条途径进行传播，最终可能在地方监管和行业监管都比较薄弱的地方行业聚合爆发，并最终引发系统性风险。金融科技业务的一大特征是区域负外部性。公司注册在地方，但业务范围遍布全国，公司利润及税收归属本地，风险却由全国承担，造成明显的负外部性。于是地方政府对金融科技采取包容性监管政策，带来监管套利恶性循环，导致风险在区域间传递蔓延。金融科技风险的另外一大特征是跨界性。利用互联网及信息技术，金融科技业务的资金很容易在银行、保险、证券、理财、信托等产品间流动，诸多金融科技产品都是“混业”经营，如果按照传统的金融业态划分的话，很难清晰地界定其业务性质和范围。于是，金融科技风险在各种金融业态之间传递蔓延，风险传导路径如图 3. 7 所示。

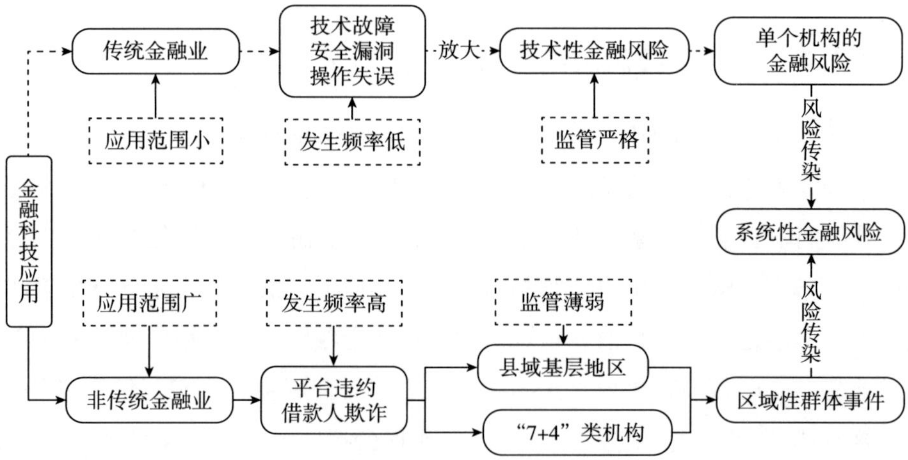

图 3. 7　金融科技风险的传导路径

3.2 网络借贷的界定、特征与运营模式

3.2.1 网络借贷的界定

网络借贷也叫 P2P 网络借贷，P2P 原本是计算机网络中的概念，是指互联网对等实体之间不通过中间工作站平台的一种直接的信息交互方式；延伸到金融领域，P2P 网络借贷是指通过网络将小额资金聚集起来借贷给资金需求者的一种借贷模式。2015 年，中国人民银行等部委在《关于促进互联网金融健康发展的指导意见》中将 P2P 网络借贷界定为“个体和个体之间通过互联网平台实现的直接借贷”，同时认定其属于民间借贷范畴。2016 年，银监会等在《网络借贷信息中介机构业务活动管理暂行办法》中进一步明确网络借贷中的个体包含自然人、法人及其他组织，网络借贷信息中介机构是指依法设立、专门从事网络借贷信息中介业务活动的金融信息中介公司。从 P2P 网络借贷的本源出发，结合我国法律中的界定以及实践中的特点，本书认为网络借贷是信息中介公司以互联网和信息技术为渠道工具，为借款人与投资者提供信息收集、信息公布、资信评估、信息交互、借贷撮合等服务，从而实现借贷双方直接资金融通的借贷模式。

网络借贷中有三个基础参与方，即借款人（筹资者）、借贷平台和出借人（投资者）。网络借贷信息中介机构提供平台，借款人发布借款信息，投资者根据借款人发布的信息，自行决定借出金额，借贷双方自由协商订立合同，网络借贷平台通过收取中介服务费作为收益。在借贷过程中，为更好地搭建平台以吸引更多的参与者，在基础参与方之外，网络借贷平台还引入对资金流转提供清算和结算服务的银行或者第三方支付机构、提供建立风险评级体系的各类信用信息的机构、监督管理机构，有的还引入为资金安全提供担保的服务机构，以及聚集了众多融资需求的各类组织、机构和平台。网络借贷的原理如图 3.8 所示。

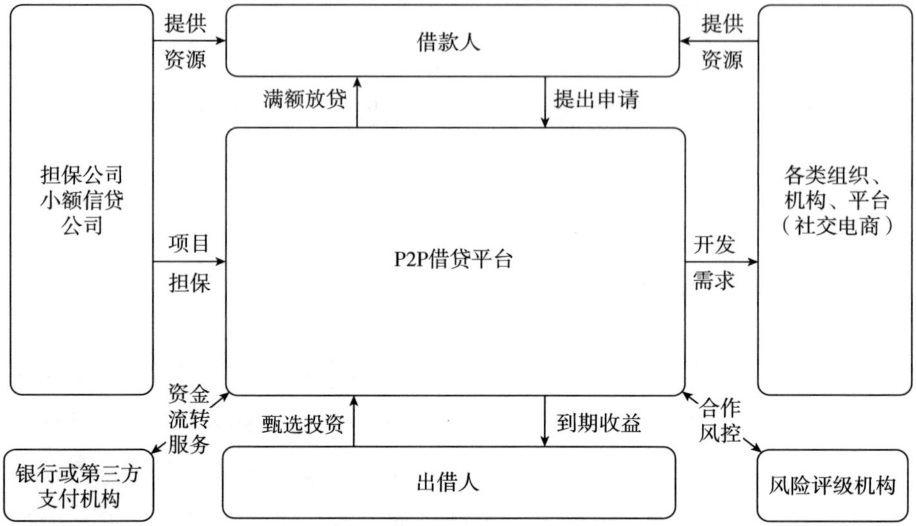

图3.8　网络借贷的运作原理

3.2.1.1　网络借贷是一种新型借贷方式

网络借贷中大量运用互联网技术，特别是移动互联网技术、大数据、搜索引擎、云计算、区块链和人工智能等技术可以以较低的成本解决信息分散和不对称问题，简化贷款审批程序，从而缩短资金借贷流程，提高资金借贷效率。在这个过程中，网络借贷的核心技术主要体现在风险定价与构建投资组合。一方面，平台依靠大数据对借款人进行风险评估，根据违约概率进行等级划分，然后借助定价模型来对贷款进行定价。一般来说，贷款利率等于无风险利率与风险溢价之和，并且信用评级越低，风险溢价越高，从而实现风险与收益的平衡。另一方面，平台上可供投资者选择的对象有很多，为了提高投资者资产配置的效率，平台除了提供基本的浏览查询、搜索筛选等功能外，还根据投资者的风险偏好，为其提供组合构建工具并推荐"一揽子"贷款组合，使其在承担一定风险前提下实现收益最大化，或者获取一定收益前提下实现风险最小化。

3.2.1.2　网络借贷是一种直接融资模式

在网络借贷中，个体对个体的信息获取和资金流通在债权债务属性关系中脱离了传统的金融媒介。借款人与每一位投资者直接签订合同，有“金融脱媒”的意义。从风险收益角度来看，网络借贷类似于债券市场，出借人（投资者）购买借款人发行的债券，直接承担借款人的信用风险，因为不存在期限转换，所以也不存在流动性风险；平台本身也不承担信用风险及流动性风险，其盈利来自对投资者和借款人收取的服务费（促进交易、风险定价和登记结算等服务）。在此，网络借贷与银行存贷款所代表的间接融资模式有明显差异。银行解决了资金供需双方之间的期限不匹配问题，所以银行也承担了流动性风险。另外，银行对贷款人有监督监管的职责，要对贷款人的资金用途及按期还款进行实时监控，所以也承担了信用风险。从这个角度来讲，银行所获取的存贷款利差也仅仅是对其承担风险所提供的风险补偿（风险报酬）。

3.2.1.3 网络借贷是一种民间借贷

网络借贷如果不为投资者提供担保，从信用风险的角度来看，投资者和借款人之间就是直接的债权债务关系，可以看作个人之间的直接借贷，归属于传统的民间金融范畴。但传统的点对点式的民间借贷具有范围受限、需求匹配难、风险高的特点，一般只局限于熟人圈子，所以规模受到限制。网络借贷运用互联网技术突破了传统熟人圈子的限制，将传统民间借贷的范围延伸，使民间借贷关系发生的范围得到扩展。从这个意义上讲，网络借贷是互联网形态下的民间借贷。

3.2.2 网络借贷的特征

从网络借贷的定义及基本原理来看，不论是理论上还是实践中，网络借贷的主要特征有三个：金融特征、技术特征和软信息特征。

3.2.2.1 金融特征

从本质上来看，网络借贷依然是借贷，是依托网络工具和平台开展的资金融通活动，属于金融的范畴。因此，网络借贷具备金融活动的基本功能。首先，作为信息中介，平台通过对借款人信息的收集、分类和加工处理，促进了信息的传递和流通，缓解了信息不对称的现象，间接实现了信用创造的功能。在此前提下，风险管理已经成为网络借贷业务活动的关键环节，以借款人违约所导致的信用风险成为重点对象，从风险的产生、识别、评估到防范，成为网络借贷业务流程的主线。在借款人一端，核心是风险定价，包括对借款人的信用风险评估和贷款利率定价；在投资者一端，核心是通过构建投资组合以防范风险。

3.2.2.2　技术特征

网络借贷中使用的技术主要有两类：互联网技术和信息技术，在网络借贷中的关键环节都是必不可少的工具。

首先，网络借贷实现了金融脱媒，平台存在的目的在于使借贷双方能够绕开媒介进行直接交易，而互联网就是借贷双方直接交易的联系工具。作为信息中介，网络借贷平台不同于作为信用中介的传统金融机构，其所开展的借贷活动应该以促进信息传递、实现借贷双方信息流通为根本目的。双方信息的沟通、资金的支付都需要在互联网上完成，依托的是即时社交软件、第三方支付等互联网软件。

其次，网络借贷属普惠金融，其服务对象主要是金融市场上的长尾群体，客户数量众多且单个资金有限，为其提供金融服务必须依靠信息技术为工具，才能从海量客户信息中通过特征搜索准确找到目标客户，所以大数据、云计算、区块链、精准搜索等先进信息技术成为必备工具。

再次，在网络借贷平台的左右侧，一边是借款人，另一边是投资者。对于借款人的信用风险评估依赖于基于借款人信息的信用评估模型；对于投资者来说，面对大量订单信息和纷繁复杂的借款人信息，如何进行投资决策以规避非系统性风险，必须通过运用各种复杂的数学模型及高效的算法处理工具来不断优化投资组合。

最后，互联网技术追求公开，信息技术追求共享，而公开与共享正是网络借贷活动开展的技术基础。

3.2.2.3　软信息特征

由于不需要抵押和担保，网络借贷不同于传统金融机构所开展的交易型借贷，更类似于民间借贷的关系型借贷。只不过这种关系不同于民间借贷的“熟人圈子”关系，而是借款人依托互联网在社交网络上形成的网络关系。所以，在对借款人的信用风险进行评估时，由于硬信息约束，就不能以硬信息为主要对象，而应该考虑网络借贷中的软信息占优状况，以借款人的社交网络关系所形成的软信息为主要评估对象。尤其是借款人长期交易所形成的良好声誉，是借款人在网络上一切行为的“通行证”，作为一种无形资产，可以作为信号将不同信用等级的人进行区分，从而在网络借贷的信用风险评估中发挥重要作用。

3.2.3 网络借贷的运营模式

我国网络借贷市场空间巨大，从2013年起，各种创新型的运营模式不断涌现，从不同角度满足了不同借款人和投资者的个性化需求。但从借贷的本质来区分，这些模式基本可以分为两类：纯信息中介模式和复合信息中介模式。

3.2.3.1 纯信息中介模式

纯信息中介模式是指网络借贷平台仅作为信息中介为借款人和投资者提供信息中介服务的业务模式。在具体业务活动过程中，网络借贷平台不参与借贷双方的债权债务关系，不提供资金池、担保等增信服务，也不承担违约风险。

纯信息中介模式的网络借贷平台的业务流程如图3.9所示。①借款人向网络借贷平台发布借款计划，提交借款申请，并提供借款项目及借款人的个人信息，包括借款金额、期限、利率、借款用途、个人信息（年龄、性别、婚姻状况、职业、学历、收入、借款记录、信用记录）以及其他描述性信息。②网络借贷平台对借款人信息进行审核，对于符合条件的借款项目予以批准，并在平台上进行发布；同时，平台要根据借款人信息对其进行风险评估，并将评估结果——借款人信用评级在平台上发布。③投资者通过平台对借款项目进行评估，并进行选择性投资。④平台进行撮合成交，如果在规定时间内借款项目募集到足够资金即满标，则借款项目成功，否则项目流标，借款失败。⑤借款成功后，资金从投资者账户进入借款人账户。⑥借款人进入还款阶段（一般为等额本息法按月还款），直到还款结束，债权债务关系中止。

纯信息中介型网络借贷平台的业务核心是信息识别与风险控制。平台需要审核借款人以及借款项目信息的真实性，并据此对借款人进行信用评级，将结果推荐给投资者。平台对于信息的甄别和处理能力是其业务经营风险控制的关键，为此几乎所有平台都建立了基于大数据的征信系统，可以根据借款人的信息评估其信用风险，从而形成风险定价。

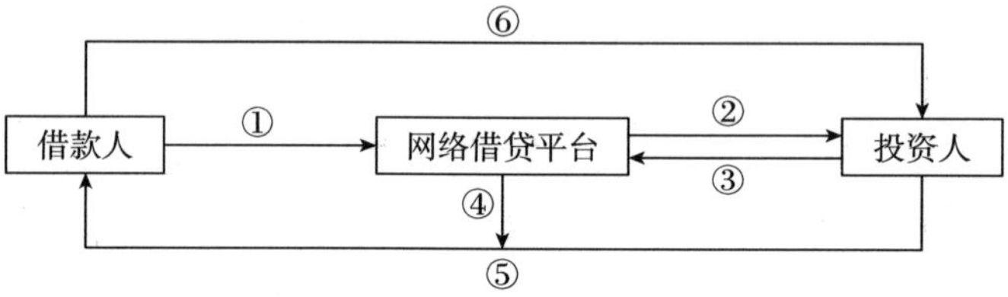

图 3.9　纯信息中介网络借贷平台业务流程

纯信息中介型网络借贷平台的收入来源主要是向借款人和投资者收取中介服务费。以拍拍贷为例，它向借款人收取的费用包括成交服务费、借款手续费、提现服务费、催收费用、充值服务费和罚息等。一般来讲，借款人的信用等级越高，相应的费用越低。拍拍贷向投资者收取的费用主要包括充值费、提现费以及 VIP 费用等。但平台收益的主要来源是借款人支付的借款手续费和借款服务费。由于处于“长尾”中的借款人往往缺乏足够的抵押和担保，而我国现阶段薄弱的征信体系又无法为网络借贷平台提供足够的信息来源支持，对于平台来说，风险控制成为最大的风险聚集点。同时，大多数投资者缺乏风险意识，对于不能保障投资本金安全的纯网络借贷平台来说发展面临极大的挑战。

3.2.3.2　复合信息中介模式

复合信息中介模式是指网络借贷平台在纯信息中介模式的基础上，深度介入借贷双方的交易活动，向借款人收取一定的风险备用金，或者向第三方担保机构缴纳一定的担保费，在借款出现违约的时候，对投资者提供一定补偿的运作模式。在该模式下，网络借贷平台不仅具有信息中介职能，还具有一定的信用中介职能，在借款人出现违约时承担一定的违约风险，所以被称为复合信息中介模式。

复合信息中介型网络借贷平台的业务流程如图 3. 10 所示。基本业务流程①~⑥与纯信息中介模式大体相似，只不过在借款成功后，流程⑦：平台会从借款人所得到的借款资金中提取一定比例的风险备用金，并将这部分风险备用金委托给银行或第三方机构建立专用账户进行托管，或者向第三方担保机构缴纳一定的担保费；流程⑧：一旦借款人出现违约情况，则动用风险备用金对投资者进行垫付，或由第三方担保机构对投资者进行补偿。

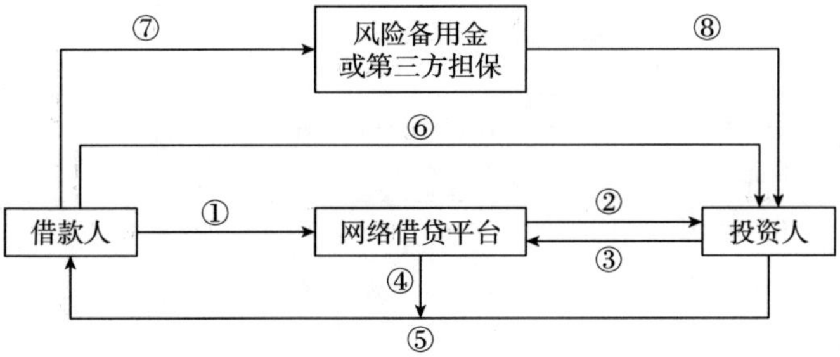

图 3. 10　复合信息中介网络借贷平台业务流程

对于复合信息中介型的网络借贷平台来说，一旦借款人出现违约，平台或第三方担保机构就要承担相应的违约风险，因此其业务流畅运转的关键在于对借款人的信用评估。另外，向借款人收取的风险保证金或第三方担保费也要根据其信用等级，所以基于大数据的借款人信用风险评估成为复合信息中介型网络借贷平台业务活动的核心环节。该模式在我国应用广泛，有代表性的平台包括：人人贷、陆金所、宜人贷、红岭创投、有利网、你我贷、点融网、快速贷等。具体实践中，这些平台对于违约风险的保障程度也各不相同，有的全额本息保障，有的部分本息保障，有的只保障本金，具体情况如表 3. 1 所示。

虽然复合信息中介型网络借贷平台向借款人收取一定的风险备用金或第三方担保费，但这些费用只是用于违约赔偿，并不形成平台的收入，所以平台的盈利与纯信息中介平台一样都来自于中介服务费或账户管理费。目前，网络借贷平台普遍都提取 3% 左右的风险准备金，但大多数平台却没有对自己的财务信息进行主动披露，更没有经过有公信力的审计，投资者无法获知平台的实际坏账率，也无从对平台的风险管理能力进行预测。这就导致一些平台私自将风险准备金设置资金池，并没有进行第三方托管，有非法集资之嫌。另外，提取风险准备金也没有相关法律依据，存在法律风险。

表 3.1　我国部分复合信息中介型网络借贷平台保障方式

网络借贷平台	担保机构	担保内容
陆金所	担保公司	全额本息担保
宜人贷	担保公司	本息担保
有利网	合作担保机构	本息担保
积木盒子	融资性担保公司、非融资性担保公司、风险准备金	本息保障
信融财富	融资性担保公司	本息保障
礼德财富	小贷公司、融资性担保公司、非融资性担保公司、风险准备金	VIP 本息保障、机构担保本息保障
融易贷	平台垫付	VIP 本息保障、非 VIP 本金保障
快速贷	平台垫付、风险准备金、融资性担保公司、风险准备金	VIP 100% 本息保障、非 VIP 50% 本金保障
你我贷	非融资性担保公司、风险准备金	本金垫付

资料来源：网贷之家官网。

3.2.3.3　国内外网络借贷运营模式的差异

虽然网络借贷的基本原理大体相似，但是由于不同国家的金融市场发展差异较大，在实际运作过程中，网络借贷的具体模式和流程存在较大差异。比如由于美、英等国个人征信非常发达，平台就不需要做大量的线下尽职调查，所以美国的网络借贷平台只需要做好信息披露，这也是美、英等国对网络借贷监管的重点。而我国则完全不同，首先，因为个人征信系统并不完善，线上信息不足以满足信用评估的需要，所以必须开展线下尽职调查；其次，由于我国投资者习惯了“刚性兑付”，所以平台普遍建立风险准备金或者引入第三方担保机制；最后，为了更好地使资金供需双方的需求得以匹配，平台普遍采取主动、批量开展业务，而非被动地等待其自动匹配。总体来看，我国的网络借贷更接近于互联网上的民间借贷，还没有充分体现出互联网技术的核心优势。

3.3 风险定价相关理论与方法

风险定价是指风险资产价格的确定，反映的是风险资产所带来的收益与风险之间的函数关系。一般来讲，风险与收益之间呈正相关，即风险越高，收益越大，体现了风险资产中收益与风险之间的平衡关系。

风险资产主要可以分为股权、债权和衍生品三大类，其风险特征各不相同，风险与收益之间的关系也差异较大，因此对其进行风险定价所借助的理论与方法也各不相同。比如，股权最大风险来自于公司未来经营的不确定性，对其定价比较流行的有资本资产定价模型、套利定价理论等。债权最大的风险是债务人不能按时归还本息所导致的违约风险，对其定价比较流行的有成本加成法和基准利率法。金融衍生品在股权与债权基础上创新而成的混合型金融工具，其风险特征体现为高杠杆、高风险，对其定价比较流行的有风险中性理论和 Black - Scholes 期权定价模型。

3.3.1 风险定价的基本理论

3.3.1.1 风险溢价理论

根据风险收益均衡原理，在金融投资领域，所有金融资产的收益与风险之间永远呈正相关，即风险越高收益越大，风险越低收益越小。在面对不同风险水平的资产时，如果投资者选择较高风险水平的资产，投资者会要求对其承担的额外风险进行补偿，这部分超过行业平均水平的收益叫作风险补偿或者风险报酬。而风险定价就是要对投资者所承担的额外风险进行衡量，并据此确定风险资产的利率。

3.3.1.2 风险中性理论

风险中性理论表达了资本市场中的这样一个结论：即在市场不存在任何套

利可能性的条件下，如果衍生证券的价格依赖于可交易的基础证券，那么衍生证券的价格与投资者的风险态度无关。这个结论在数学上表现为衍生证券定价的微分方程中并不包含有受投资者风险态度的变量，尤其是期望收益率。

3.3.1.3　风险偏好理论

在对风险资产进行投资时，不同的投资者对风险的态度是不一样的，根据投资者对风险的偏好程度将其分为风险回避者、风险偏好者和风险中性者。对于风险回避者来说，其对风险的厌恶程度高于其对收益的喜欢程度，所以其更愿意投资低风险低收益的资产。与风险偏好者恰恰相反，通常主动追求风险，更喜欢投资高风险高收益的资产。风险中性者则对风险与收益的态度基本持平，更愿意投资风险与收益水平适中的资产。

3.3.2　贷款风险定价的方法

贷款是最基本的金融资产，其最大的风险来自借款人的违约风险，所以确定贷款产品的利率主要是识别借款人的违约因素，并衡量借款人违约的可能性，并通过风险与收益之间的匹配关系来确定相应的收益率。常用的对贷款风险定价方法有两种：成本加成法和基准利率法。

3.3.2.1　成本加成法

成本加成法主要从债权人的资金成本角度来衡量贷款的利率水平，主要用于商业银行贷款利率的确定。商业银行发放贷款主要考虑四个方面的因素：银行发放贷款的边际成本；银行为发放贷款所必需的经营性成本，包括贷款人员的工资和发放、管理贷款时的设备等成本支出费用；银行由于贷款可能发生违约甚至损失而承担风险，而必须得到的风险补偿；银行通过发放贷款所预计实现的利润水平。因此银行贷款利率相应地等于“筹集发放可贷资金的边际成本+经营成本+风险补偿+预计利润水平”。

成本加成法从理论上来讲简单易行，但实际上操作难度较大，因为以上四部分的具体大小很难精确确定。因为银行向社会提供的是复合型的金融产品服务，银行很难精确地将成本分摊到各种业务中。另外，成本加成法没有考虑到同业间的竞争因素，由于银行间的贷款业务竞争日益激烈，已经对银行的预期利润水平产生了较大的影响，行业竞争越发激烈，行业平均利润越来越低。

3.3.2.2 基准利率法

基准利率法首先选择某种利率为基准利率，其次为不同信用等级或风险程度的借款人确定不同水平的利差，最后在基准利率基础上加上利差，贷款利率等于“基准利率 + 违约风险补偿”。实践中，基准利率一般为各国的国债利率、再贴现率或再贷款利率，关键是不同借款人利差的确定。利差是对不同借款人风险水平的反映，是根据借款人信用风险等级折算转换而来的，体现出明显的风险报酬和风险补偿的意义。基准利率定价法以市场一般价格水平为出发点，贷款价格更贴近市场，从而可能更具竞争力。这种方法灵活方便、简单易行，成为目前国际上最流行的贷款利率定价方法。网络借贷中，各贷款平台在贷款合约中风险与收益的组合设计中，也大多采用基准利率定价法。

3.4 网络借贷风险定价的理论分析框架

如果网络借贷平台仅仅作为信息中介而不充当信用中介，则网络借贷中最大的风险就是借款人的违约风险。于是，网络借贷的风险定价指的是借款人的风险水平与其借款利率之间的函数关系，即网络借贷市场如何通过有效的机制设计，对不同风险等级的借款人进行有效风险识别、风险评估和利率匹配，一方面实现借款人资金成本与自身信用等级的平衡，另一方面实现投资者承担风险与未来收益之间的平衡。

根据基准利率定价法，对网络借贷进行风险定价的过程主要分为三步：首先，选择某种无风险利率为基准利率；其次，为具有不同信用等级或风险程度的借款人确定不同水平的利差，或者在基准利率基础上“加点”，或者乘上一个系数，得到借款人的违约风险；最后，在无风险利率 r_f 基础上加上违约风险补偿 r_t 就得到贷款利率 r。这个过程可用公式（3.1）来表示：

$$r = r_f + r_t = r_f + \omega / C \tag{3.1}$$

其中，C 是信用等级，ω 是风险补偿系数。显然，借款人信用等级越高，违约风险越低，所需风险补偿越少，其贷款利率越低。整个贷款利率定价的过程如图 3.11 所示，其中的核心环节是信用评级，如何对借款人进行精准的信用评价成为定价成败的关键。

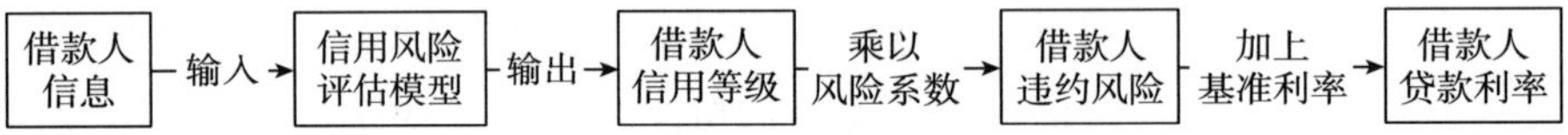

图 3.11　网络借贷风险定价流程示意图

首先，从基准利率法的定价流程来看，最终利率取决于资金需求方的风险状况，包括对借款人的风险识别、风险评估和信用评级。其次，从外部条件看，风险定价取决于市场的定价机制，因为定价机制不同，资金供求双方对最终均衡价格的影响不同。

这个过程中有三个主要问题：第一，网络借贷市场上价格如何形成（利率定价机制问题）。网络借贷市场并不是完全竞争市场，信息流动不畅导致信息不对称现象普遍存在，而占据信息优势的借贷平台在利率定价中居于中心地位，拥有优先条件。另外，由于借款人和投资者之间力量对比失衡，虽然投资者可以通过选择来决定资金配置的方向，但借款人却普遍拥有定价优先权。资金供求变化和价格变动之间相互制约的关系需要用价格形成机制理论进行深入分析。同时，利率定价过程也是借款人、投资者和借贷平台对定价权不断争夺、博弈的过程，最终的均衡结果是三者在参与约束和激励相容约束下追求各自利益最大化的最优选择。第二，如何将不同风险等级的借款人进行有效区分并精确评估（风险识别、评估与信用评级问题）。由于网络借贷中借款人的“长尾”特性，传统基于借款人硬信息的风险识别和信用评级理论受到极大限制，需要借助信息经济学中的信号传递与信息甄别模型来识别信用风险，并建立基于软信息的信用评级体系对风险进行评估。第三，对不同信用等级的借款人利率如何进行匹配（贷款定价问题）。投资活动中风险与收益之间平衡是最基本的原则，网络借贷中如何实现不同风险借款人的利率匹配的分离均衡是最核心的问题，根据风险资产定价理论中的基准利率定价法，则必须在基准利率的基础上对额外的违约风险进行补偿，从而决定最终利率。这三个问题相互关联，分别用相关的风险识别理论、风险评估理论、信用评级理论、贷款定价理论和价格机制理论进行分析，就构成了本书的理论分析框架。所以，网络借贷中风险定价的理论分析框架如图 3. 12 所示。

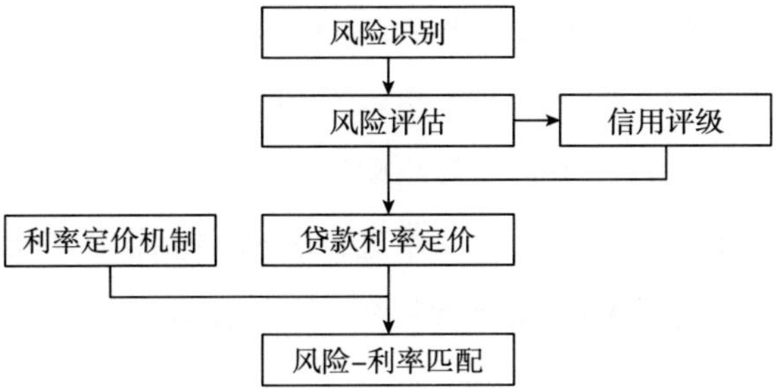

图 3. 12　网络借贷风险定价的理论分析框架

3. 4. 1　网络借贷利率的定价机制

在普通的商品市场上，商品的买卖双方不断地通过调整供求数量对价格进行竞争从而影响价格，反之价格的变化也会影响商品的供求变化，这种价格变动与供求变动之间相互制约的联系和作用就是价格机制。

网络借贷市场中同样如此，资金供求双方（借款人和投资者）可以围绕价格（利率）进行讨价还价，通过资金的供给和需求量的变化影响利率并形成最终的成交利率，这就是许多平台都采用的拍卖竞价机制。

但是在网络借贷市场上，借款人和投资者的力量对比往往并不均衡，很难形成完全竞争的拍卖竞价模式。一般情况下，一个借款人可能面对多个投资者，每个投资者的投资数量相对较少，在与借款人的竞争中处于劣势，于是利率往往由借款人来决定，而投资者只能选择接受或者放弃，这就是借款人定价模式。

除了借款人和投资者之外，市场上还有一个为双方提供信息服务的信息中介机构——网络借贷平台。因为借贷双方之间的信息传递并不流畅，所以并不像普通的商品交易市场，买卖双方可以直接讨价还价并形成最终交易价格。信息不对称成为价格扭曲、资金配置效率低下的根本原因。平台在借款人和投资者之间充当信息中介则可以有效解决信息不对称问题，平台通过对借款人信息的加工处理形成信用评级并进行利率匹配、形成利率报价，这就是平台定价模式。

这三种利率定价模式在现实中都有实践案例，但成交概率和最终所形成的均衡利率却有较大差异，对参与三方也各有利弊。首先，必须将三者纳入统一的博弈框架体系内，根据三者行为策略顺序在各自参与条件和激励相容条件约束下，对优先报价者的收益最大化问题进行求解才能得出均衡结论。其次，将三种模式下的均衡结论进行对比分析判断。

3.4.2 基于软信息的信号传递、信息甄别与风险识别

由于网络市场上普遍存在信息严重不对称现象，不同风险等级的借款人鱼龙混杂，逆向选择和道德风险问题突出，导致价格扭曲、资金配置效率低下，甚至市场失灵。所以，对不同借款人进行风险识别并加以区分成为解决问题的关键点。网络借贷中的借款人大部分是缺乏有效财务信息的“长尾”群体，传统基于借款人硬信息的风险识别理论无法对其进行有效分类，于是寻找能够准确反映借款人风险特征的信号尤为关键。

根据 Spence（1973）的信号传递理论，借款人可以主动地将自身的私人信息传递出去，因为不同借款人传递信息的成本不同，所以可以实现借贷市场的分离均衡。在此，借款人在社交网络上长期活动所积累的软信息可以作为显示其信用状况的私人信息（有效信号），投资者则可以通过软信息对借款人信用风险进行经验性预测和判断，从而做出投资决策。

但因为投资者的经验判断不一致并且会产生变化，其最终达成的分离均衡结果并不稳定，甚至有可能只能达成混同均衡。为了克服这种困扰，根据信息甄别理论，网络借贷平台可以通过贷款合约的有效设计，利用不同的风险-利率组合，来诱使借款人主动显示其信用状况，从而确定实现分离均衡。

3.4.3 基于量化模型的风险评估

信用风险是由于借款人违约所导致投资者损失的可能性，还包括由于借款人履约能力的变化引起的价格波动所带来的损失可能性。风险评估则是对借款人的信用风险进行评价和衡量，其中的关键环节是风险要素的确定。针对个人违约风险的评估中，主要有定性分析法和定量分析法两类。

3.4.3.1 定性分析法

定性分析法主要是对引起借款人违约的各种因素进行逐项解释和描述，一般只能分析单独某个因素对借款人违约风险的正负影响，但并不能对所有因素的综合影响结果做出精确的判断。常见的有 5C 要素分析法、5W 要素分析法等。

5C 要素分析法主要从借款人品德（Character）、能力（Capacity）、资本（Capital）、抵押（Collateral）和环境（Condition）五个方面对借款人的违约风险进行考察。其中，借款人品德主要指其履行还款承诺的主观意愿和可能性，包括借款人的性格、行为、作风等方面，可以通过金融机构、征信机构等相关报告对借款人的历史履约记录、违约记录进行分析来进行综合评价。能力指借款人的履约偿付能力，包括借款人的学历、工作、收入等。资本主要指借款人的可支配资产，包括固定资产和无形资产。抵押则是指借款人能够提供的足以补偿还款金额的抵押品。环境则是指一切可能影响借款人还款的因素，包括政治、经济、自然、地理、市场变化等。

5W 要素分析法即从借款人（Who）、借款用途（Why）、还款期限（When）、担保物（What）及如何还款（How）五个方面来分析和判断借款人违约的可能性。

由于网络借贷中借款人的“长尾”特性，不管是5C 还是5W 要素分析法，都无法全面地把握借款人的全部风险特征，必须引入更多的要素，尤其是那些非常规的软信息变量，才能全面地刻画借款人的风险特征。

3.4.3.2 定量分析法

与定性分析相反，定量分析法则将所有引起借款人违约影响因素都作为解释变量，依靠数学计量模型来对借款人最终的违约概率做出精确预测。常用的定量分析法包括 Logit 模型、Probit 模型、决策树分析法、人工神经网络和支持向量机（SVM）等。

定量分析法不受因素多少的限制，可以将一切与借款人风险相关的变量通过量化的方式转化为风险指标，纳入模型来进行综合评估，更加科学地反映借款人的风险状况。因此，在实践中上述定量分析模型成为风险评估的有力武器。其中基于软信息的 Logit 模型将在第 6 章中做详细介绍和应用。

3.4.4 基于软信息的信用评级

信用评级是指对借款人如期足额偿还贷款本息的能力和意愿进行评价，并用简单的评级符号表示其违约风险和损失的严重程度。现有的理论研究与实践发展均已形成较为完善的信用评级思想、理论和模型，传统金融机构在实践中也探索出较为成熟的方法与体系，其核心就是信用评级指标体系的构建。一般来说，评级指标可分为定量指标和定性指标。定量指标大多是与借款人相关的财务信息，而定性指标则大多是非财务信息。对于定性描述类的非财务信息，普遍采用数字赋值的方法将其尽可能地转变为可以量化的数值（虚拟变量），和定量指标一起通过加权平均的方法转化为信用评分，再根据信用得分高低进行分级。

根据美国学者 Berlin 和 Mester（1998）的分类，商业银行的借贷方式可分为交易型借贷和关系型借贷。交易型借贷所依据的是企业的硬信息，比如财务报表、抵押品的质量和数量、信用得分等，这些信息容易量化，不具有个性化的人格特征，可以很便捷地传递并不会造成信息损失。交易型借贷对企业的信息需求要求较高，一般只有大中型企业才能够提供满足要求的可信的、连续的信息记录。关系型借贷则相反，其决策所依据的信息称为软信息，它是通过长期与企业多种渠道的广泛接触所积累的关于借款企业及其管理者的相关信息，比如企业的市场地位、经营战略、治理结构、行为信誉和管理者品行等信息；这些信息具有强烈的人格化特征，只能意会不能言传，具有模糊性、难以量化、难以统计归纳和传递的特征。关系型借贷一般适用于对小微企业的贷款中，小微企业虽然难以提供全面透明的财务类硬信息作为贷款抵押和担保，但凭借长期经营过程中积累的良好声誉和管理者品德也能够与银行之间建立互信关系，因此软信息成为小微金融中更为重要的企业信息。

以商业银行对企业贷款时的信用评级为例，商业银行一般都要求贷款企业提供其财务报表，并对企业的市场地位、发展战略和治理结构等因素进行综合分析，从而对企业进行信用评级，如表3.2所示。能够提供全面连续的财务类硬信息的大中型企业拥有足够的抵押和担保，这些可量化的财务信息能够直接转化为信用得分，易于被商业银行进行风险定价从而获得交易型贷款。缺乏全面连续财务指标信息和不动产抵押品的小微企业则只能谋求与商业银行之间建立长期稳定的互动往来关系，通过逐渐积累起来的良好声誉和信用来获得关系型贷款。但在我国以商业银行为主体的金融机构体系下，长期以来交易型借贷理论占据主流，于是缺乏抵押担保和健全财务信息的小微企业遭遇融资难问题较为普遍。

表3.2　企业贷款信用评级中的信息指标与分类

信息类型	信息指标	指标性质
硬信息	资产负债率	定量
	销售利润率	
	总资产报酬率	
	净现金流	
	净现金流/到期债务比	
	存货周转率	
	应收账款周转率	
软信息	市场地位	定性
	业务多元化程度	
	企业战略及其稳定性	
	企业治理结构	
	担保	
	还款承诺	

对个人的信用评级与对企业的信用评级思想基本类似，只不过在信息指标上有所差异。由于网络借贷中借款人的“长尾”特性，受困于硬信息约束，但同时又具有软信息占有的特征，所以，基于借款人软信息来构建信用评级指标体系成为必然的选择。

3.5 本章小结

从网络借贷的本源出发，结合我国法律中的界定以及实践中的特点，网络借贷是信息中介公司以互联网和信息技术为渠道工具，为借款人与投资者提供信息收集、信息公布、资信评估、信息交互、借贷撮合等服务，从而实现借贷双方直接资金融通的借贷模式。网络借贷中的借款人大多是具有明显的“长尾”特征的个人及中小微型企业，而借贷平台则只是信息中介而非信用中介。从这个定义上来看，目前我国的网络借贷平台只有纯信息中介模式才符合法律的要求。因此，网络借贷有三大特征：金融特征、技术特征和软信息特征。

网络借贷中，借款人与投资者之间通过互联网及信息技术进行信息传递原本是其开展业务的最大优势，但借款人、平台及投资者之间的信息不对称却是风险产生的根源，而对借款人进行风险定价则是网络借贷中的核心问题。风险定价又可分解为三个问题：如何将不同风险等级的借款人进行有效区分并精确评估（风险识别与评估问题）、对不同信用等级的借款人利率如何进行匹配（贷款定价问题）和网络借贷市场上价格如何形成（利率定价机制问题）。这些问题相互关联，分别用相关的风险识别理论、风险评估理论、信用评级理论、贷款定价理论和价格机制理论进行分析，就构成了本书的理论分析框架。

4　网络借贷利率定价机制的模式比较与选择

金融市场上资金的供求状况决定了货币资金的价格——利率，但不同的市场有不同的交易制度和规则，利率的定价机制也各不相同。由于金融市场之间的相互分隔作用，不同市场上的价格相互关联、影响，各种利率并存，形成了不同的风险结构和期限结构特征。于是，利率的定价机制和利率特征一直是金融市场研究的热点，网络借贷市场也不例外。

网络借贷中，借贷双方通过平台进行撮合成交，其价格决定机制一般由平台来设计，从实践来看，主要分为三种模式：市场定价、平台定价和借款人定价。市场定价即由资金供求双方直接谈判（讨价还价）以决定均衡价格，在该定价模式下，一般由借款人先确定借款的金额与期限，设定好所愿意接受的最高利率，然后投资者根据借款人的信息进行判断决策是否对其进行投资，选择投资的金额，并对利率按照拍卖原则（一般为荷兰式拍卖）进行竞价，最终形成均衡价格，该模式也可叫作拍卖竞价。美国的 Prosper 平台在 2010 年之前一直采用这种利率定价模式，此外还有英国的 Assetz Capital 和德国的 Auxmoney 等平台。平台定价模式下，借款人提出借款申请，平台对其进行信用评估，并根据其信用评级来匹配其借款利率，投资者根据借款人信息进行投资决策，这种定价也叫作信用评级匹配定价。目前国外大多数平台都采用这种利率定价模式，比如 2010 年之后的 Prosper、LendingClub 以及 Zopa 等，我国的陆金所、宜人贷以及 2015 年 10 月之后的人人贷平台也模仿该模式。但由于我国征信体系不完备，不能对借款人进行公开公正的信用评级，该模式在国内的应用略有变异。在借款人定价模式下，借款人提出借款申请的同时直接在平台上公布其借款利率，投资者对其借款方案进行评估后决定是否投标，但不能改变借款利率，采用该模式的主要是我国的拍拍贷、红岭创投和 2015 年 10 月之前的人人贷等平台。结合上一章对网络借贷平台运作模式的划分，目前国内外主要的网络借贷平台归类如表 4.1 所示。

表 4.1　国内外主要网络借贷平台类型划分

利率定价机制	运营模式	
	纯信息中介	复合信息中介
市场定价模式	Prosper 1.0、Assetz Capital、Auxmoney、Funding Circle、MarketInvoice	
平台定价模式	Prosper 2.0、LendingClub	Zopa、人人贷 2.0、陆金所、宜人贷
借款人定价模式	拍拍贷	人人贷 1.0、红岭创投

不管采用哪种利率定价模式，对于借款人和投资者来说，一些基本的逻辑规则都是一致的。接下来本章将借款人、投资者和平台三方的行为策略纳入同一个博弈模型中，来描述三者的行为策略选择对均衡利率的影响。

4.1　网络借贷利率定价机制理论分析

市场定价也即由资金供求双方通过讨价还价来确定市场最终的均衡价格——利率，从而实现货币资金的有效配置。而拍卖机制是一种典型的市场机制，通过一系列明确的规则和买者竞价所决定的价格来决定资源配置，即在确定的时间和地点，通过一定的组织机构，以公开竞价的形式，将特定物品或者财产权利转让给最高应价者的买卖方式。在网络借贷中，为了能使借款人以其所能接受的最低利率获得资金，也为了使投资者能获得最高的投资回报，通过拍卖竞价来决定利率是一种公平的方式。

4.1.1 拍卖竞价模式

对于借款人，一旦其确定了借款金额 Q 单位和期限 T，总是想以最低的成本获得融资。假设该借款人可以从其他渠道获得融资的最低成本为τ，借款成本（借款手续费）为 c，则该借款人的保留价格为（即借款人能接受的最高利率）为 $\tau - c$。

4.1.1.1 投资者竞价策略

假设在一个卖方占优的网络借贷市场上，有 N 个潜在的投资者，则 $N \geqslant Q$，即只要定价合理，市场上将会有足够多的投资者以满足借款人的融资需求。这个假设是符合实际的，现实中不管是国内还是国外，大多数网络借贷平台上都聚集了大量谋求高额回报的投资者。假设投资者 n 愿意为投资这项借款所要求的最低回报率为 W_n，也即该投资者愿意贷款给借款人的最低利率，其实也是该投资者对该借款项目的真实估价，也可以看作该投资者投资其他项目的最高无风险利率。因为 $n=1, 2, \cdots, N$，假设 W_n 是独立同分布，其累计分布函数是 $F_w(\cdot)$，概率密度函数是$f_w(\cdot)$，$W^{N:k}$是所有 N 个报价中第 K 个最低利率，$k=1, 2, \cdots, N$。

在拍卖中，投资者也需要一定的成本，比如需要时间和精力去评估借款人价值，去观察其他投资者行为，承担流标后“站岗”的风险等，假如这个成本为 λ，则该投资者所能接受的最低利率为 $W_n + \lambda$。

4.1.1.2 均衡利率的决定

利用最流行的荷兰式拍卖机制，先由借款人出价 r，然后投资者在 r 之下报价与数量，假设每个投资者最少投标 1 单位。遵循价格优先和时间优先的原则，报价越低的投资者优先中标，当报价相同时时间优先者中标。当中标者的投标额超过 Q 单位时，竞标结束，此时的价格即为中标利率 $p(r)$，所有中标者都以此利率成交。

根据拍卖理论（克里斯纳，2009）的研究结论，在拍卖博弈中投资者的弱占优策略就是报其真实价格 $W_n + \lambda$。则最终的中标利率（市场均衡价格）为：

$$p(r)=w^{N:Q+1}+\lambda,\ \text{if } w^{N:Q+1}+\lambda\leqslant r \tag{4.1}$$

即当投资者的第（$Q+1$）低报价小于或等于借款人出价时，中标利率为投资者报价，出现此种状况的概率为 Pr（$w^{N:Q+1}+\lambda\leqslant r$）；

$$p(r)=r,\ \text{if } w^{N:Q+1}+\lambda\leqslant r \tag{4.2}$$

当借款人出价大于等于投资者的第（$Q+1$）低报价并小于第 Q 低报价时，中标利率为借款人出价，出现此种状况的概率为 $\Pr(w^{N:Q}+\lambda\leqslant r<w^{N:Q+1}+\lambda)$；当投资者报价高于借款人出价时，不能成交。

因此，在荷兰式拍卖竞价中，市场均衡价格由投资者最低报价或借款人保留价格所决定。

4.1.1.3　借款人的选择

如果借款人知道投资者的弱占优均衡策略是报价 $W_n+\lambda$，则每一个投资者都可以获得至少 1 单位标的，则借款人就可以选择自己的保留价格 r，以使自身的预期报酬最大化。

借款人借款成功后获得资金 Q，到期后要归还资金 $Q(1+p(r)+c)$，假设借款人是风险中性者，则借款人的收益 π_A 为：

$$\pi_A=Q-\frac{Q(1+p(r)+c)}{1+\tau}=\frac{Q(\tau-p(r)-c)}{1+\tau} \tag{4.3}$$

下标 A 代表拍卖竞价模式。借款人的预期收益为：

$$E\pi_A=\frac{Q\cdot[\tau-E[w^{N:Q+1}+\lambda\mid w^{N:Q+1}+\lambda\leqslant r]-c]}{1+\tau}\cdot\Pr(w^{N:Q+1}+\lambda\leqslant r)+\frac{Q\cdot[\tau-r-c]}{1+\tau}\cdot\Pr(w^{N:Q}+\lambda\leqslant r<w^{N:Q+1}+\lambda) \tag{4.4}$$

由于借款人先于投资者出价，所以借款人可以选择其最初所报的保留价格 r，从而来实现自身预期收益最大化。由式（4.4）可以看出，借款人的最优报价 r^* 由下面的隐函数所决定：

$$r^*=\tau-c-\frac{F_w(r^*-\lambda)}{Q\cdot f_w(r^*-\lambda)} \tag{4.5}$$

在此，F_w（·）和 f_w（·）分别是投资者报价的分布函数和概率密度函数。

由式（4.2）可以明显看出，在拍卖竞价中，借款人的最优初始报价要低于其原始保留报价$\tau-c$，这就给借款人通过拍卖竞价获得资金一个正向的激励，使其有可能以更低的成本获得融资。同时，也可以看到借款人的最优报价与投资者数量N无关，与融资额Q呈正相关，即融资金额越多，借款人报价应该越高。

4.1.2 借款人定价模式

有的网络借贷平台允许借款人在平台限定范围内自由报价，并且该固定价格p一旦报出，投资者要么拒绝，要么接受，不能调整与变更报价，这种定价法叫作借款人定价法。当借款人报价后，$\delta(p)$是借款人报价p时借款人的违约率函数，一般情况下，报价p越高，其违约率越大。

为了保证投资者的投资利润为正，则其报价必须：

$1+w_n\leqslant(1+p)(1-\delta(p))$即：$w_n\leqslant p-\delta(p)(1-p)$

所以，借款人的预期收益为：

$$E\pi_B=\frac{Q\cdot[\tau-p-c]}{1+\tau}\cdot\Pr(w^{N:Q}\leqslant p-\delta(p)(1+p)) \tag{4.6}$$

在此，下标B代表借款人报价模式。

假设$\gamma(p)=p-\delta(p)(1+p)$是该借款项目的预期回报率，则借款人可以通过选择其初始报价p来实现收益最大化，最优报价p^*由隐函数决定：

$$p_B^*=\tau-c-\frac{F_w(\gamma(p_B^*))}{f_w\cdot(\gamma(p_B^*))\cdot\gamma'(p_B^*)} \tag{4.7}$$

4.1.3 平台定价模式

目前国内外大多数网络借贷平台都由平台来定价，当借款人提出借款申请并上传个人资料后，平台会根据资料对其进行信用评估，并根据其信用评级情况对其借款项目进行定价——决定利率p。

借款人可以与其保留价格$\tau-c$相对比，如果$p\leqslant\tau-c$，则接受报价，否则拒绝该报价。对于投资者来说，只有当$w^{N:Q}\leqslant\gamma(p)$时，借款项目才会成功满标。

平台定价模式下，初始报价 p 是由平台决定而不是借款人，所以平台可以通过决定 p 来使其自身收益最大化。平台收益来自于收取交易费用，假设交易费率为 ∂，则平台的预期收益为：

$$E\pi_P = \partial \cdot Q \cdot \Pr(w^{N:Q} \leqslant \gamma(p)) \tag{4.8}$$

在此，下标 P 代表平台定价模式。

注意，在 $p \in [0, \tau - c]$，$\Pr(w^{N:Q} \leqslant \gamma(p))$ 是 p 的非减函数，所以，平台可以通过定高价来实现自身收益最大化：

$$p^* = \tau - c \tag{4.9}$$

4.1.4 三种利率定价模式之间的比较

从上述分析可得，在市场定价（拍卖竞价）、借款人定价和平台定价三种定价模式下，最终的均衡利率以及融资成功的概率分别是：

$$r^* = \tau - c - \frac{F_w(r^* - \lambda)}{Q \cdot f_w(r^* - \lambda)} \quad \Pr_A = \Pr(w^{N:Q} + \lambda \leqslant r) \tag{4.10}$$

$$p_B^* = \tau - c - \frac{F_w(\gamma(p_B^*))}{f_w \cdot (\gamma(p_B^*)) \cdot \gamma'(p_B^*)}, \quad \Pr_B = \Pr(w^{N:Q} \leqslant p_B - \delta(p_B)(1 + p_B)) \tag{4.11}$$

$$p^* = \tau - c, \quad \Pr_P = \Pr(w^{N:Q} \leqslant p^* - \delta(p^*)(1 + p^*)) \tag{4.12}$$

显然，

$$r^* < p_B^* < p^* \tag{4.13}$$

$$\Pr_A < \Pr_B < \Pr_P \tag{4.14}$$

也就是说，三种利率定价模式中，由市场力量决定的拍卖竞价所形成的均衡利率是最低的，借款人可以通过选择最优的最初报价使其达到收益最大化，以最低成本获得融资，但由于竞拍中投资者需要付出较大的时间和精力成本以做出投标决策，所以反倒成交概率最低。在平台定价模式下，由于平台有优先决策权，在平台自身收益最大化目标决策下，最终形成的均衡利率是最高的。因为平台的收益主要是收取成交手续费，所以平台的最优决策一定是使成交量达到最大，也就是使成交概率达到最大。那么平台可以通过设定较高的利率以吸引投资者参与以增加成交的概率，而最高利率也就是借款人的保留价格为 $\tau - c$。而借款人定价模式下，均衡利率介于拍卖竞价模式和平台定价模式之间，成交概率也介于两者之间。

4.2 拍卖竞价与平台定价的对比
——基于 Prosper 的实证检验

在本节，通过建立模型，对上一节中提出的一些理论分析结论进行检验，以验证理论分析结论的正确性。

4.2.1 理论假设

根据上节理论分析的结论，提出以下假设：

假设 1：其他条件相同情况下，拍卖竞价模式下的成交利率低于平台定价模式所形成的成交利率。

假设 2：其他条件相同情况下，拍卖竞价模式下的成交概率低于平台定价模式下的成交概率，成交后借款人的违约概率也相应较低。

4.2.2 样本数据与变量的选取

Prosper 是美国最大的网络借贷平台之一，2005 年成立后一直采用拍卖竞价模式作为其利率定价机制，直到 2010 年 12 月 20 日，Prosper 宣布定价机制转变为平台定价模式，这个突然的转变为本书研究两种定价机制之间差异提供了一个绝佳的机会。本节以 2010 年 12 月 20 日为界线，选取其前后各 4 个月的数据为样本进行对比研究。数据来源于 Prosper 官方网站，包括 Prosper 借款人信息、借款项目信息以及投标信息等，宏观经济变量数据来源于第三方。所有变量设定如表 4.2 所示，所有借款项目的变量描述统计如表 4.3 所示。

表 4.2 Prosper 平台变量定义及设定

借款人基本信息变量	
月收入（美元）	借款人的月收入
照片	有照片为1，无照片为0
住房	有住房为1，无住房为0
群组	有群组为1，无群组为0
债务收入比	每月负债与收入之比
借款人信用变量	
银行认证账户	有账户为1，无账户为0
逾期总额（美元）	历史逾期还款总额
信用卡额度使用比例（%）	已经使用的信用卡额度比例
当前信用记录	目前信用记录数量
当前逾期额	目前逾期金额
过去七年逾期次数	金融机构的逾期次数
过去半年信用查询次数	被其他机构调阅信用记录次数
信用记录长度	信用记录的英文单词数量
公开信用记录	公开的信用记录数量
近一年公共记录次数	一年来的公共信用记录次数
近十年公共记录次数	十年来的公共信用记录次数
信用评级	Prosper 平台对借款人的信用评级： AA、A、B、C、D、E、HR
贷款标的变量	
初始利率（%）	借款人或平台最初的报价利率
成交利率（%）	借贷双方最终的成交利率
贷款金额（美元）	借款人贷款总额
贷款期限（月）	借款人贷款期限
借款描述	有借款描述为1，否则为0
借款描述长度	借款描述中英文单词的数量
借款成功率	成功为1，失败为0
违约率	违约为1，正常还款为0
投标数量	借款项目收到的投标数量
朋友投标	有朋友投标为1，否则为0

续表

宏观经济变量	
失业率（%）	美国月度失业率
住房价格指数	美国月度住房价格指数

表 4.3 Prosper 平台所有借款标的变量描述性统计

变量	所有借款		拍卖竞价		平台定价		对比检验	
	均值	标准差	均值	标准差	均值	标准差	t 值	p 值
借款人基本信息								
月收入	5010.90	13875.29	4571.00	12482.46	5830.32	16122.23	-4.58	<0.01
照片	0.16	0.37	0.24	0.43	0.002	0.05	51.07	1
住房	0.49	0.50	0.50	0.50	0.47	0.50	2.78	1
群组	0.05	0.21	0.05	0.22	0.04	0.19	3.47	1
债务收入比	21.29	44.72	22.07	46.13	19.82	41.94	2.82	0.99
借款人信用变量								
银行认证账户	1	0	1	0	1	0	1	0
逾期总额	1012.45	6724.71	996.73	5719.38	1041.74	8278.70	-0.33	0.37
信用卡额度使用比例（%）	50.53	33.93	53.12	34.56	45.70	32.15	12.23	1
当前信用记录	9.06	5.29	9.08	5.31	9.04	5.26	0.36	0.64
当前逾期次数	0.42	1.22	0.46	1.28	0.34	1.10	5.66	1
近七年逾期次数	3.11	8.25	3.121	8.21	3.10	8.31	0.13	0.55
近半年信用查询次数	1.35	1.92	1.54	2.12	0.99	1.40	17.80	1
信用记录长度	5939.49	2964.23	5843.95	2915.02	6117.46	3046.12	-4.96	<0.01
公开信用记录	8.00	4.77	8.00	4.78	8.00	4.75	-0.11	0.46
近一年公共记录次数	0.01	0.14	0.01	0.13	0.02	0.15	-1.70	0.05
近十年公共记录次数	0.24	0.67	0.24	0.67	0.25	0.66	-0.13	0.45
贷款标的变量								
借款成功率	0.34	0.47	0.23	0.42	0.55	0.50	-37.76	<0.01
初始利率（%）	24.32	9.27	25.58	9.35	21.98	8.64	22.04	1
借款金额（美元）	6589.45	4368.21	6105.62	3953.51	7490.71	4926.06	-16.34	<0.01
借款期限（月）	36.74	6.11	36.20	2.79	37.74	9.53	-10.62	<0.01

续表

变量	所有借款		拍卖竞价		平台定价		对比检验	
	均值	标准差	均值	标准差	均值	标准差	t 值	p 值
借款描述	0.10	0.05	0.10	0.04	0.10	0.05	1.19	0.88
借款描述长度	130.89	80.78	144.91	87.63	104.78	57.71	31.34	1
投标数量	70.84	93.88	58.24	94.39	94.32	88.27	-21.70	<0.01
宏观经济变量								
失业率	9.44	1.89	9.62	1.88	9.11	1.86	14.96	1
住房价格指数	187424.10	82477.59	189662.10	83724.63	183255.20	79945.08	4.29	1
观测值	13017		8470		4547			

表4.3给出了Prosper平台从2010年8月20日至2011年4月19日所有借款项目的相关变量的均值和标准差，并分两种不同定价机制进行了统计描述，然后又对这两种机制进行了t检验对比，发现两者的确存在较大不同：拍卖竞价机制下的借款成功率、借款金额、借款期限、投标数量、借款人月收入都显著低于平台定价机制，但考察两种定价机制下借款人信用等级的分布后（见图4.1），发现真正原因是平台定价机制下借款人的信用等级大幅提高所致，而非两种定价机制造成的差异。明显可以看到，Prosper平台改为平台定价后，对借款人进行了严格筛查，信用等级为HR的低信用借款人比例大幅下降，从而提高了借款成功率，而并非定价机制的影响。

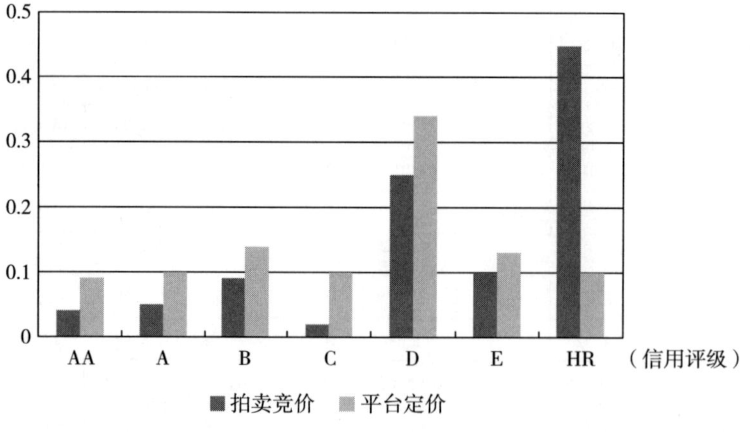

图4.1 拍卖竞价和平台定价模式下借款人信用等级比例分布

自从转变为平台定价后，根据 Prosper 的规定，不同信用等级的借款人对应不同的借款利率，具体的利率规则如表 4.4 所示。

表 4.4 Prosper 平台各信用等级对应的借款利率

Prosper 信用等级	借款期限（年）	借款标的利率（%）	借款年利率（%）
AA	1	5.65	6.59
	3	8.99	9.33
	5	11.99	12.21
A	1	10.70	16.51
	3	13.90	16.06
B	1	14.99	20.86
	4	17.99	20.20
C	1	17.49	26.44
	3	18.99	22.36
D	1	24.99	34.11
	3	26.99	30.53
E	1	26.69	35.84
	3	31.99	35.64
HR	3	31.99	35.64

注：Prosper 平台对各信用等级的借款利率实施动态管理，会根据宏观经济环境进行实时更新，本表中数据是 2011 年 12 月 26 日的数据。

将借款失败的标的剔除，只对成功借款的标的进行对比分析，结果如表 4.5 所示。t 检验结果显示两种模式下大多数变量都存在较大差异，但依然不能断言是定价机制导致的差异。

上述变量的对比，只能从统计学角度分析两种定价模式下的相关变量差异，但不能做出因果推断，因为很明显这里面存在逆因果的关系：由于定价机制的变化导致借款人的信用等级出现差异，从而导致借款人相关变量差异，而并非定价机制本身导致借款人相关变量的差异。所以，若要分析定价机制的差异，还需要借助其他方法，并且一定要解决好内生性问题。

表 4.5 Prosper 平台成功借款标的变量描述性统计

变量	所有借款		拍卖竞价		平台定价		对比检验	
	均值	标准差	均值	标准差	均值	标准差	t 值	p 值
借款人基本信息								
月收入	5533.68	12454.72	5040.51	4108.85	5910.26	16136.82	-2.60	<0.01
照片	0.12	0.32	0.27	0.44	0.001	0.03	26.21	1
住房	0.51	0.50	0.52	0.50	0.50	0.50	1.49	0.93
群组	0.06	0.23	0.07	0.26	0.04	0.21	3.54	1
债务收入比	19.77	33.48	19.68	31.32	19.84	35.05	-0.16	0.44
借款人信用变量								
银行认证账户	1	0	1	0	1	0	—	—
逾期总额	765.44	6.35.19	661.71	4283.06	844.65	7087.08	-1.07	0.14
信用卡额度使用比例（%）	50.73	32.59	52.88	33.07	49.09	32.13	3.83	1
当前信用记录	9.24	5.18	9.20	5.12	9.27	5.23	-0.45	0.33
当前逾期次数	0.34	1.13	0.35	1.16	0.33	1.12	0.77	0.78
近七年逾期次数	2.91	7.66	2.67	6.89	3.09	8.20	-1.89	0.03
近半年信用查询次数	0.94	1.38	0.99	1.47	0.91	1.30	1.87	0.97
信用记录长度	5997.56	2821.95	5945.18	2843.14	6037.56	2805.56	-1.08	0.14
公开信用记录	8.15	4.67	8.10	4.64	8.19	4.70	-0.65	0.26
近一年公共记录次数	0.01	0.120	0.01	0.10	0.02	0.13	-1.38	0.08
近十年公共记录次数	0.26	0.65	0.26	0.64	0.27	0.67	-0.42	0.34
贷款标的变量								
初始利率（%）	23.30	9.24	25.44	9.46	21.68	8.73	13.58	1
成交利率（%）	22.79	9.08	24.25	9.32	21.68	8.73	9.36	1
借款金额	6108.74	4321.44	5234.43	4.57.03	6776.35	4398.17	-12.11	<0.01
借款期限（月）	36.48	7.03	36.25	3.36	36.66	8.86	-2.12	0.02
借款描述	1	0.04	1	0.02	1	0.05	1.93	0.97
借款描述长度	127.82	76.75	150.56	90.71	110.46	58.41	16.90	1
投标数量	123.20	97.55	140.51	108.45	109.97	86.03	10.15	1
朋友投标	0.03	0.17	0.04	0.20	0.02	0.14	4.23	1
违约率	0.09	0.28	0.08	0.26	0.09	0.29	-2.12	0.02

续表

变量	所有借款		拍卖竞价		平台定价		对比检验	
	均值	标准差	均值	标准差	均值	标准差	t值	p值
宏观经济变量								
失业率	9.32	1.87	9.59	1.85	9.11	1.86	8.54	1
住房价格指数	18535.00	80246.74	187407.40	82348.41	183787.80	78962.31	1.48	0.93
观测值	4446		1925		2521			

4.2.3 模型方法设计

4.2.3.1 倾向得分匹配法的原理

倾向得分匹配法（Prospensity Score Matching，PSM）是一种广泛应用于社会科学领域的因果推断法，其优点是能够较好地克服内生性问题，学术研究中常用于分析评价政策的实施效果和项目评估。

假定有 N 个个体，每一个个体 $i(i=1, 2, \cdots, N)$ 都存在两种可能状态：被干预和未被干预，令 $D_i=1$ 表示被干预，$D_i=0$ 表示未被干预，被干预和未被干预的结果分别为 $Y_i(1)$ 和 $Y_i(0)$，则对个体 i 进行干预的效应可表示为：$\delta_i=Y_i(1)-Y_i(0)$。

用平均干预效应 ATT（Average Treatment Effect for the Treated）来测度个体 i 在干预状态下的平均干预效应，即表示个体 i 在干预状态下的观测结果与其反事实的差，称为平均干预效应的标准估计量。

$$ATT=E\{Y_i(1)-Y_i(0) \mid D=1\}=E\{Y_i(1) \mid D=1\}-E\{Y_i(0) \mid D=1\} \tag{4.15}$$

但因为反事实 $E\{Y_i(0) \mid D=1\}$ 是无法观测到的结果，所以只能用个体 i 在未被干预状态下的观测结果 $E\{Y_i(0) \mid D=0\}$ 来替代，于是：

$$ATT=E\{Y_i(1) \mid D=1\}-E\{Y_i(0) \mid D=0\} \tag{4.16}$$

现实中，可以将所有数据分为两组：受政策影响的叫作干预组，未受政策影响的叫作控制组。由于观测数据缺乏随机性，并不能保证干预组和控制组的数据平衡，控制变量 X 存在较大差异，必须进行样本匹配。匹配的目的在于确保干预效应估计是建立在可比个体之间的不同结果的基础上。最简单的匹配方式是将干预组和控制组中控制变量 X 的值相同的两个个体进行配对分析。但是，如果 X 并不是某一个变量，而是一组变量时，所谓“近”的判断标准也就变得模糊起来。针对这个问题，Rosenbaum 和 Rubin（1984）解决了维度问题，并证明了如果基于 X 相关变量的匹配是有效的，那么基于 X 变量组的倾向得分的匹配也将同样有效，从而奠定了 PSM 的理论基础。

一般地，倾向得分是通过 Logit 回归获得的，从而将 X 由多维降到了一维的水平。所以倾向得分中包含了 X 中所有变量的信息，综合反映了每个个体 X 变量组的水平。显然，倾向得分匹配的优势很明显——降维，它由单个变量（倾向得分）对个体进行匹配来代替 X 所有变量为基础对个体进行匹配。

得分匹配一般有三种方法：第一种是最邻近匹配，在控制组样本中向前或向后寻找最接近干预组样本得分的对象，并形成配对；第二种是半径匹配，设定一个常数 r（可理解为区间或范围，一般设定为小于倾向得分标准差的 1/4），将实验组中得分值与控制组得分值的差异在 r 内进行配对；第三种是核匹配，将干预组样本与由控制组所有样本计算出的一个估计效果进行配对，其中估计效果由实验组个体得分值与控制组所有样本得分值加权平均获得，而权数则由核函数计算得出。

将干预组和控制组的样本匹配后，就可以计算平均处理效应 $ATT\ (x)$：

$$\begin{aligned} ATT &= E\{Y_i(1) \mid D=1,\ X=x\} - E\{Y_i(0) \mid D=0,\ X=x\} \\ &= E\{Y_i(1) \mid D=1,\ p(X)\} - E\{Y_i(0) \mid D=0,\ p(X)\} \end{aligned} \tag{4.17}$$

4.2.3.2 倾向得分匹配法的应用

本书要研究拍卖竞价与平台竞价两种定价机制之间的差异，可以将 Prosper 平台定价机制的变化作为干预事件，利用倾向得分匹配法来衡量定价机制变化所产生的效果。

根据倾向得分匹配法的要求，将 2010 年 12 月 20 日之前的标的作为控制组（Control Group），将 2010 年 12 月 20 日之后的标的作为干预组（Treat Group）。

首先，计算倾向值，即用逻辑回归法（Logit Regression）对每个标的进行倾向值打分：

$$\rho(x_i) = \Pr(D_i = 1 \mid X = x_i) \tag{4.18}$$

其次，运用得分进行样本匹配，即寻找两种定价机制下每个样本的匹配对象，本书采用最邻近法进行比对。

最后，计算平均处理效应 ATT。

4.2.4 实验结果与结论分析

4.2.4.1 定价机制对交易结果的影响

定价机制的改变，首先会对借款结果产生影响，倾向得分匹配估计结果如表 4.6 所示。

表 4.6 定价机制变化效应的倾向得分匹配估计结果

变量	初始利率	借款成功率	成交利率	违约率
Treated	1.076***	0.308***	0.726**	0.025**
t 值	(0.114)	(0.012)	(0.329)	(0.010)
控制变量				
借款人基本信息	匹配	匹配	匹配	匹配
借款人信用变量	匹配	匹配	匹配	匹配
贷款标的变量	匹配	匹配	匹配	匹配
宏观经济变量	匹配	匹配	匹配	匹配
观测值	13017		4446	

注：*** $p<0.01$，** $p<0.05$，* $p<0.1$。

由表 4.6 可以看到，对 Prosper 平台 2010 年 8 月 20 日至 2011 年 4 月 19 日 13017 个贷款标的进行研究发现，在其他条件相同情况下（控制变量 X 后），定价机制从拍卖竞价到平台定价的转变，使初始利率显著提高了 1.076%，借款成功率显著提高了 30.8%；对借款成功的 4446 个标的进行研究发现，成交利率显著提高了 0.726%，相应的违约率也显著提高了 2.5%，即 H1 和 H2 都成立。

上述结论与第4.1节中的理论分析基本一致，在拍卖竞价时，初始利率由借款人率先提出，为了以更低的成本获得资金，借款人往往从低价开始申报，然后随着竞价过程试探性地提高报价，直到双方达成一致或者达到自己的保留价格；而在平台定价中，平台为了提高成交的效率和概率，往往会用高利率吸引投资者，因此初始利率相对较高，成交利率和成交概率也相应提高，违约率也明显提升。

4.2.4.2 定价机制对投资者行为的影响

虽然本书主要关注的是定价机制对网络借贷结果的影响，但其影响的途径却是通过对借贷双方行为的影响而产生的，当借款人逐渐失去了对定价的主导权，投资者的行为策略对结果的影响就更为重要。

从简单的数据统计描述可以看出，在已经成功借款的项目中，拍卖竞价模式下，平均借款金额为5234.43美元，每个借款项目的平均投标数量为140.51个，平均满标时间为160小时；而平台定价模式下，平均借款金额为6776.35美元，每个借款项目的平均投标数量为109.97个，平均满标时间为80小时。很明显，定价机制改变后，每个借款的平均金额和投标次数都增加了，满标时间大大减少；也就是说，每个投资者的平均投资金额增加，借款项目的成交效率大大提高。当然，这样的结果也有可能是因为参与借款的借款人信用等级提高所致，所以需要对定价机制对投资者行为的影响做更深层次的分析。

在此，需要关注每个借款项目在投标期限内每一天的投标信息，包括借款项目j在第t（$t=1, 2, \cdots, T$，T是满标时间）日的投标数量$Bids_{jt}$、投标金额$Amount_{jt}$、累计投标数量$CumBids_{jt}$、累计投标金额$CumAmount_{jt}$、借款未完成比例$PercentNeeded_{jt}$、投标利率$Rate_{jt}$（平台定价模式中，投标利率即平台确定的金额初始利率，不随时间推移而变动；拍卖竞价中，$Rate_{jt}$是指借款项目j在第t日满标时的成交利率）等。为了更好地对比投资者投标行为的差异，本次检验只统计$T=7$的借款项目，并且剔除那些累计投标数量等于1的借款项目。

在投资者投标中，如果投资者各自制定自己的投标策略（包括投标金额和投标时间），则投标行为具备随机分布的特征，投标金额在投标期限内分布均匀；而如果投资者之间相互模仿跟风，“羊群效应”明显的话，则会在投标金额以及投标时间上具有显著的人为特征，投标金额在投标期限内的分布不均匀。为了刻画这种“羊群行为”程度，本书借鉴在统计中广泛应用的“基尼系数”思想，引入变量“羊群效应”系数 H：

$$H_j = \frac{Amount_{j,T} - \sum_{t=1}^{T} Amount_{j,t}}{Amount_{j,T}} \tag{4.19}$$

据此可以画出投标金额随着时间推移而变化在投标期限内的分布曲线，如图 4.2 所示。拍卖竞价中的“羊群效应”曲线波动越大，说明投资者之间相互模仿现象越严重，或许是因为对借款人的信息和报价持怀疑态度，投资者相互观望、犹豫、等待、模仿，如果没人率先投标则会出现“冷场”现象，一旦有人投标则又出现“跟风”现象，导致投标金额与数量出现“拥挤”现象，“羊群效应”曲线波动较大。相对来说，平台定价中投资者行为更加理性，或许投资者对平台的信息和报价更为信任，投资者独立自主地进行投资决策，于是投标数量与金额在实践上分布更为均匀，于是“羊群效应”曲线相对较平缓。

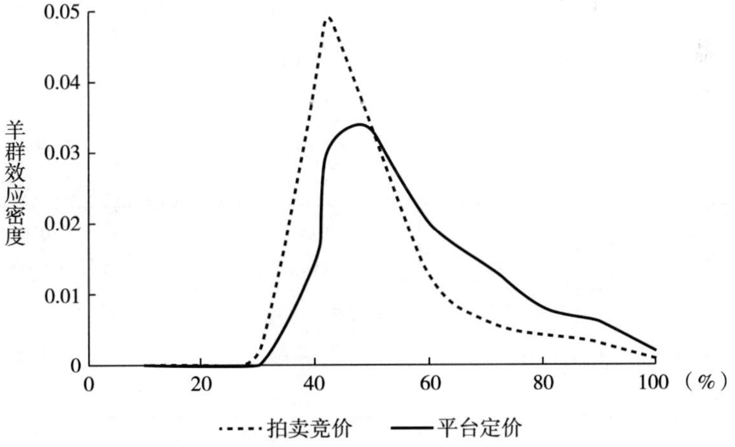

图 4.2 拍卖竞价和平台定价中投资者“羊群效应”对比

上述结论也可以用面板-固定效应模型来验证，借助 Zhang 和 Liu（2012）

的方法，建立如下面板模型：

$$Amount_{jt} = \alpha CumAmount_{j,t-1} + \beta_1 X_{j,t-1} + \beta_2 Z_j + \varepsilon_{jt} \tag{4.20}$$

其中，$CumAmount_{j,t-1}$是滞后一期的累计投标金额，$X_{j,t-1}$包括滞后一期的累计投标金额、累计投标数量、借款未完成比例和投标利率；Z_j是不随时间推移而变化的变量，包括借款金额、借款利率、债务收入比、虚拟变量（是否拥有住房、是否是群组成员）。为了消除时间因素对投资者投标行为的影响，需要在$X_{j,t-1}$中加入借款期限固定效应和星期固定效应，在Z_j中加入借款项目起始日期。α是模型的关键，用来衡量“羊群效应”的大小。

运用固定效应-面板模型分别对拍卖竞价模式和平台定价模式的样本数据进行检验，回归结果如表 4.7 所示。

表 4.7 拍卖竞价与平台定价模式中投资者“羊群效应”的对比结果

变量	拍卖竞价	平台定价
$CumAmount_{j,t-1}$	0.047** (0.024)	−0.218*** (0.030)
$PercentNeeded_{j,t-1}$	−0.012*** (0.000)	−0.007*** (0.001)
$Rate_{j,t-1}$	−0.107*** (0.026)	
$CumBids_{j,t-1}$	−0.001 (0.000)	0.008*** (0.000)
$CumAmount_{j,t-1} \times PercentNeeded_{j,t-1}$	0.001*** (0.000)	0.010*** (0.000)
控制变量		
借款项目个体固定效应	控制	控制
星期固定效应	控制	控制
期限固定效应	控制	控制
宏观经济变量	控制	控制
$Adj-R^2$	0.294	0.524
观测值	6508	3436

注：*** $p<0.01$，** $p<0.05$，* $p<0.1$。

回归结果显示，在拍卖竞价中“羊群效应”α等于0.047，投资者每天的投标金额与上一日该项目募集到的累计投标金额显著呈正相关，如果上一天的累计投标金额增加100美元，则投资者在该日会多增价投标4.7美元；投资者每天的投标金额与上一日该项目的未完成比例呈负相关，也就是说项目未完成度越高（完成度越低），投资者投标越少，项目完成度降低1%，投资者投标金额减少1.2%。这体现出明显的“羊群效应”，投资者在投资时严重依赖其他投资者的投标行为，通过观望上个交易日的投标情况再做出投标决策，这就是典型的跟风操作特征。而在平台定价中α等于－0.218，出现了“逆羊群效应”，上个交易日募集资金余额多的借款项目，不仅没有得到投资者的更多“青睐”，反而遭到更多“质疑”，投资者会减少对这类项目的投资金额；借款项目多募集投标金额100美元，则下个交易日投标金额减少21.8美元，反映出平台定价中投资者的独立思考与理性抉择，“羊群效应”大大减少甚至消失。

4.3　借款人定价与平台定价的比较
——基于人人贷的实证检验

根据第4.1节的理论分析，借款人定价与平台定价对交易结果和投资者行为也有较大影响，本节按照第4.2节的分析框架对这两种定价机制进行更深入的分析。

4.3.1　理论假设

根据第4.1节中的理论分析的结论，提出以下假设：

假设3：其他条件相同情况下，借款人定价模式下的成交利率低于平台定价模式下所形成的成交利率。

假设4：其他条件相同情况下，借款人定价模式下的成交概率低于平台定

价模式下的成交概率，成交后借款人的违约概率也相应较低。

4.3.2 样本数据与变量选取

人人贷是我国最大的网络借贷平台之一，从 2010 年成立后一直采用借款人定价的利率定价机制，借款人在狭窄区间内自行选择借款利率，然后平台对其借款申请进行审核，符合要求后在平台上发布，然后由投资者进行投标，在规定时间内满标则借款成功，否则流标借款失败。经过五年的数据积累，人人贷于 2015 年 10 月 14 日宣布收回利率定价权，借款人提交个人信息和借款申请后，平台采用创新的风险-信用-利率定价机制来确定借款利率。

同美国的 Prosper 改变利率定价机制一样，人人贷为本书研究两种定价模式的差异提供了绝佳的对比案例，下面的分析过程与第 4.2 节基本类似，以 2015 年 10 月 14 日为界限，选取其前后各三个月的数据为样本进行对比研究。数据通过爬虫软件从人人贷官方网站获取，包括借款人信息、借款项目信息以及投标信息等，宏观经济变量数据来源于国家统计局网站，所有变量的设定和描述性统计如表 4.8 和表 4.9 所示。

表 4.8 人人贷平台变量定义及设定

借款人基本信息变量	
年龄	借款人年龄
婚姻	已婚为 1，未婚为 0，离异或丧偶为 2
住房	有住房为 1，否则为 0
房贷	有房贷为 1，否则为 0
学历	0 表示高中及以下，1 代表大专，2 代表本科，3 代表研究生及以上
工作年限	0 代表 1 年以下，1 代表 1～3 年，2 代表 3～5 年，3 代表 5 年以上
月收入（元）	0 代表 1000 及以下，1 代表 1001～2000，2 代表 2001～5000，3 代表 5001～10000，4 代表 10001～20000，5 代表 20001～50000，6 代表 50000 以上
借款人信用变量	
申请次数	借款人以前在平台上的借款次数
还款次数	借款人以前在平台上的还款次数
可贷金额	借款人在平台上的借款信用额度，取对数处理

续表

信用等级	人人贷平台对借款人的信用评级 AA、A、B、C、D、E、HR，分别用 0、1、2、3、4、5、6 表示
贷款标的变量	
利率	借款利率
贷款金额	借款人贷款总额，取对数处理
贷款期限（月）	借款人贷款期限
借款成功率	借款成功为 1，否则为 0
违约率	违约为 1，正常还款为 0
投资者投标变量	
投标次数	人均投标次数
投标金额（元）	人均投标金额
投标占比	人均投资金额占借款金额比例
满标时间（分钟）	借款从开始到结束的时间
宏观经济变量	
上证指数日收益率	上证综指日回报率，节假日数据采用上个交易日数据替代
价格指数	消费者物价指数，月度数据

表 4.9 人人贷平台借款标的变量描述性统计

变量	借款人定价		平台定价		对比检验
	所有借款	成功借款	所有借款	成功借款	t 值
借款人基本信息					
年龄	30.25	32.31	30.062	31.61	-0.698***
婚姻	0.602	0.673	0.558	0.628	-0.046***
住房	0.513	0.548	0.506	0.527	-0.021
房贷	0.312	0.251	0.322	0.213	-0.038***
学历	1.007	1.223	1.105	1.294	0.071***
工作年限	1.665	1.795	1.644	1.757	-0.038
月收入	3.004	3.228	2.244	2.735	-0.492***
借款人信用变量					
申请次数	2.226	2.792	2.123	2.406	-0.386***
还款次数	1.204	1.739	1.343	1.559	-0.181***

续表

变量	借款人定价		平台定价		对比检验
	所有借款	成功借款	所有借款	成功借款	t值
可贷金额	4.778	5.174	5.933	7.563	-2.389***
信用等级	4.907	5.177	5.004	5.246	0.069***
贷款标的变量					
利率	13.55	11.74	12.036	11.83	-0.098***
贷款金额	11.041	9.740	10.667	9.566	-0.174***
贷款期限（月）	15.532	13.84	15.996	14.57	0.732***
借款成功率	0.31	1	0.56	1	-0.122***
违约率	—	0.16	—	0.15	0.01
投资者投标变量					
投标占比	—	0.11	—	0.13	-0.016***
满标时间	—	410.11	—	152.76	257.35***
宏观经济变量					
上证指数日收益率	-0.564	-0.564	0.017	0.017	0.581***
价格指数	101.7	101.7	101.5	101.5	-0.198***
观测值	7608	2539	3324	1697	

注：*** $p<0.01$，** $p<0.05$，* $p<0.1$。

通过直接对比明显看到，利率定价机制由借款人定价转变为平台定价后，可能是平台对借款人的审核更加严谨，借款人的信用等级明显提升；而投资者对平台定价机制更为信任，表现出更高的投资热情，人均投标金额明显提升，满标时间大幅缩短；在双方综合影响下，借款成功率和最终的成交利率也有明显提高。但是，这样的直接对比并不能真实反映变量之间的因果关系，因为没有控制其他变量，也极有可能出现遗漏变量或者存在逆向因果关系等内生性问题，所以借鉴第4.2节的方法对该问题作进一步研究。

4.3.3 模型设定与结果分析

同样采用倾向得分匹配法对借款人定价与平台定价两种模式进行对比分析，首先分析定价机制对交易结果的影响，然后分析其对投资者行为的影响。

4.3.3.1 定价机制对交易结果的影响

定价机制的改变，首先会对借款结果产生影响，倾向得分匹配估计结果如表4.10所示。

表4.10 定价机制变化效应的倾向得分匹配估计结果

变量	借款成功率	成交利率	违约率
Treated	0.322***	0.803**	0.14**
t值	(0.018)	(0.387)	(0.008)
控制变量			
借款人基本信息	匹配	匹配	匹配
借款人信用变量	匹配	匹配	匹配
贷款标的变量	匹配	匹配	匹配
宏观经济变量	匹配	匹配	匹配
观测值	10932	4236	4236

注：*** $p<0.01$，** $p<0.05$，* $p<0.1$。

分析结果显示，在其他条件相同情况下，平台定价模式下的借款成功率显著提高了32.2%，成交利率显著提高了0.803%，违约率上升了0.14%，即H3和H4均成立，这个结果与第4.1节中的理论分析完全一致。

4.3.3.2 定价机制对投资者行为的影响

同样采用倾向得分匹配法对定价机制、对投资者行为的影响进行分析，结果如表4.11所示。

表4.11 定价机制变化效应的倾向得分匹配估计结果

变量	满标时间	投标比例	"羊群效应"
Treated	-238.51***	0.007**	-0.035**
t值	(-9.79)	(1.23)	(-2.24)
控制变量			
借款人基本信息	匹配	匹配	匹配

续表

变量	满标时间	投标比例	“羊群效应”
借款人信用变量	匹配	匹配	匹配
贷款标的变量	匹配	匹配	匹配
宏观经济变量	匹配	匹配	匹配
观测值	3811	3811	3730

注：*** $p<0.01$，** $p<0.05$，* $p<0.1$。

对比统计结果显示：在控制了借款人基本信息、信用变量、标的变量和宏观经济变量等信息条件下，利率定价机制从借款人定价转变为平台定价后，投资者平均每个投标的比例增加了0.7%，每个标的的满标时间缩短了238.51分钟，“羊群效应”也明显减弱。

借助投资者“羊群效应”曲线也可以明显看出（见图4.3），在平台定价模式下，投资者的投资行为开始相对更早，投标额在时间区间内分配更加平均，而借款人定价模式下，投资者的投标行为波动较大，有非常明显的观望、模仿现象。

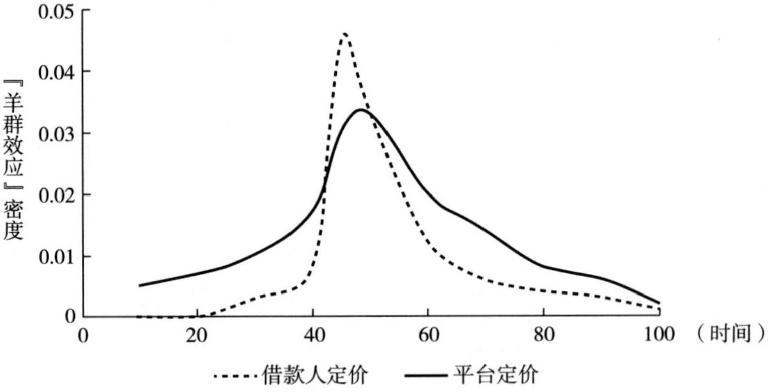

图4.3 借款人定价和平台定价中投资者“羊群效应”对比

4.4 本章小结

本章对网络借贷利率定价机制的三种模式（拍卖竞价、借款人定价和平台定价）进行了深入研究。首先将三种定价模式纳入统一理论框架体系中进行对比研究，逐一分析借款人、投资者和平台的行为规则，从而得出不同定价模式下的均衡利率以及均衡利率达成的概率（也即借款成功率）。拍卖竞价和借款人定价模式下都是借款人先出价，因此借款人可以通过选择初始利率以达到自身收益最大化，只不过在拍卖竞价中投资者可以对利率进行竞价，而借款人定价中投资者只能选择接受或者放弃，而没有利率定价权；而在平台定价模式中，平台具有优先出价权，所以平台可以通过选择初始利率以达到平台收益最大化的目标，而借款人和投资者只能选择接受或者拒绝。通过理论比较分析可知：拍卖竞价是最公平的利率定价模式，借款人和投资者通过不断的讨价还价以达到最优均衡利率，其所达成的均衡利率最低，但是由于需要较长时间的竞价过程，最终的成交概率最低，一旦达成成交，则借款人的违约概率最低；平台定价模式中的均衡利率最高，但成交概率最大，借款人违约率也最高；借款人定价模式下的均衡利率、成交概率和借款人违约率则处于拍卖竞价和平台定价之间。

在中美两国网络借贷的实践中，均发现有平台从拍卖竞价和借款人定价转变为平台定价的趋势。本章借助美国 Prosper 平台和我国人人贷平台定价模式的转变实际案例，利用倾向值得分匹配法，对定价模式变化、对网络借贷成交结果和投资者行为的影响进行了实证检验，所得出结论与理论分析基本一致：在拍卖竞价和借款人定价模式下，虽然所达成的均衡利率较低，但成交概率也较低，投资者对借款人的信息持怀疑态度，双方之间信息不对称导致普遍的观望、盲从、跟风等现象，“羊群效应”比较明显。于是现实中，大多数平台都逐渐转型为平台自身定价，平台利用自身不断的信息积累和逐渐成熟的信用评级体系来实现利率风险定价，极大地规避了借款人信用风险，为投资者的行为决策提供了客观真实的依据，因此平台定价模式下投资者决策更加独立和理性，“羊群效应”大大降低，筹资效率极大提升；但与此同时平台自身的利益最大化导向却导致均衡利率提高，借款人成本增加，也导致违约率上升。

5　软信息在网络借贷风险定价中的作用机理分析

第4章的分析已经得出明确结论，虽然平台定价在理论上并不是最完美的利率定价机制，但由于其比拍卖竞价和借款人定价能够更好地解决借款人和投资者之间的信息不对称问题，有效地克服了投资者的“羊群行为”，极大地提高了网络借贷的成交效率，所以在实践中，平台定价成为国内外大多数平台普遍采用的利率定价机制。但网络借贷平台也并不能够完全掌握借款人的真实有效信息，也是在信息约束下尽可能地通过交易规则的设计来实现借贷双方的信息传递和信息甄别，从而将不同信用等级的借款人进行区分，最终实现借贷资金的优化配置。本章延续这个结论，主要研究网络借贷平台如何在信息约束条件下，对不同信用等级的借款人进行风险识别，从而对不同风险水平的借款标的进行差异化定价。

5.1　网络借贷中的信息状态

借贷是最基本的金融行为，但受制于空间上的距离和时间上的错配，借贷双方无法进行有效的信息沟通和货币支付，传统借贷只能借助于媒介（比如银行等金融中介机构）来实现资金配置。但由于信息在借贷双方和媒介之间的传递中损耗较大，信息成本较高，导致三者之间信息严重不对称，资金配置效率较差，其所引发的逆向选择和道德风险是导致市场失灵的主要原因之一。非对称信息导致逆向选择从而使帕累托最优的交易不能实现，在极端情况下，市场交易甚至根本不存在。

随着互联网技术的发展与应用，空间与时间的限制逐渐被突破，信息通过互联网进行传递更加高效，交易支付通过第三方平台更加便捷，于是促成了新型借贷模式的出现——网络借贷。不同于传统银行借贷，网络借贷利用互联网技术在线上完成借贷双方资金的撮合成交，既不需要抵押也不需要担保，是一种纯信用借贷。网络借贷中借款人大多是被银行等传统金融机构抛弃或遗忘的“长尾”群体——缺乏固定资产的小微企业和缺乏稳定收入的个人，投资者则主要是那些既不满足于银行低息，又不愿承担资本市场过高风险的风险中性投资者，双方的目标收益和风险偏好基本匹配，通过网络平台自由结合，极大地解决了传统借贷中错配风险。在互联网金融迅猛发展和普惠金融逐渐深入人心的背景下，网络借贷被认为是解决中小企业融资难题的途径之一，因为网络借贷可以利用互联网的“开放、共享、去中心化、平等、自由选择、普惠、民主”的技术特征来实现借贷双方的信息传递，从而解决信息不对称难题。

由于传统的金融模式中资金供求双方存在严重的信息不对称，金融中介和金融市场必须通过法律和技术手段来促进信息流动，相应地也增加了资金供需双方的资金成本。在网络借贷中，大数据被广泛应用于信息处理，有效提高了风险定价和风险管理效率，显著降低了信息不对称程度。借款人的所有信息都在互联网上进行共享，投资者随时可以对借款人的信息进行审核、筛选，根据其资信状况和风险偏好特征来确定适合自己的投资对象。这种信息处理方式，是其与商业银行间接融资模式、资本市场直接融资模式的最大区别。

网络借贷基于客户信息居间撮合，促进了资金供需双方直接对接。网络借贷平台根据借款人上传的身份信息和证明材料进行信用初评，信用评价结果随着其借款成功次数、逾期率、逾期天数等信用记录的改变而动态调整。在贷前，投资者通过观察公开的借款人信用评价结果、信用记录、该笔借款特征、借款人的人口统计学特征等硬信息来做贷款决策，并可利用互联网社交网络甚至“人肉搜索”掌握更多软信息，使网络借贷的逆向选择风险得到一定程度的遏制。在贷后，网络借贷平台及业内有关第三方组织的“黑名单”“曝光栏”能及时警示失信的借款人情况，能较为有效地防止道德风险发生。比如，采取线上运营加第三方担保模式的陆金所，投资者通过网络借贷平台获取借款人信息，签订借款合同，担保公司对本金、利息担保并进行风险审核。人人贷平台采取线上线下相结合模式，通过线下发展贷款用户、实地考察、委托线下公司进行信用评级，再将贷款信息发布在网络借贷平台上，供放贷人投资选择。

5.1.1 网络借贷中借款人信息的分类

借款人信息包括硬信息与软信息两大类，其中硬信息能够反映借款人的客观还款能力，具体包括借款人的身份特质（性别、年龄、婚姻、学历、工作）和履约能力（收入、动产、不动产、房产、房贷、汽车、车贷、社保、公积金），从这些硬信息中可以判断出借款人的资产状况以及未来收入状况，从而对借款人的还款能力做出准确评价。软信息主要反映借款人的主观还款意愿，具体包括借款人的信用历史（履约记录、违约记录）、人脉关系（影响力、好友信用状况）和行为偏好（购物、缴费、转账记录），从这些软信息中可以判断出借款人的内在品质，即借款人在未来不确定条件下的违约概率。

平台信息包括机构信息和运营信息，其中机构信息包括机构基本信息、治理信息、网站信息、财务会计信息、重大事项信息和其他信息；营运信息包括交易总额、总笔数、融资人总数、投资者总数、待偿金额、逾期金额、项目逾期率、金额逾期率、逾期项目数、人均累计投资金额、人均累计融资金额、笔均融资金额、最大单户融资金额占比、最大十户融资余额占比等。

5.1.2 网络借贷中的信息处理流程

信息技术的革新虽然解决了信息传递的渠道问题，借贷双方不必再通过中介机构来传递信息，大大降低了信息搜寻成本，但由于信息来源缺乏资格审查，繁杂的噪声信息使信息有效性下降，信息识别成本大大提高，网络借贷中信息不对称现象依然严重。由于我国基于官方或第三方的征信系统尚不健全，无法为网络借贷提供有效的信息来源，信息不对称的局面不仅没有消除，反而表现得更为突出。现实中，网络借贷中借款人的信息主要来自于其主动申报，经借贷平台审核后披露给投资者，这就导致借款人有隐藏不利于自身信息的主观意愿，从而对投资者的投资决策造成误导，资金配置无法达到帕累托最优。

在网络借贷中，要达到借款人、投资者和平台之间信息对称状态，至少需要四个方面的条件：第一，信息来源要完全，平台要从多方面获取借款人的相关信息，包括借款人主动披露和申报、平台自身积累和从第三方机构获取；第二，信息传递要及时、通畅，平台要第一时间把借款人的所有相关信息传递给投资者；第三，信息处理要准确有效，平台必须对借款人的所有信息进行分类、筛选、整理、排序，并加工成能够被投资者识别的信用评级指标；第四，投资者要有专业的信息识别能力，要能够根据借款人信息对其信用状况做出准确评估，并做出正确投资决策。网络借贷中的信息流程如图 5. 1 所示。

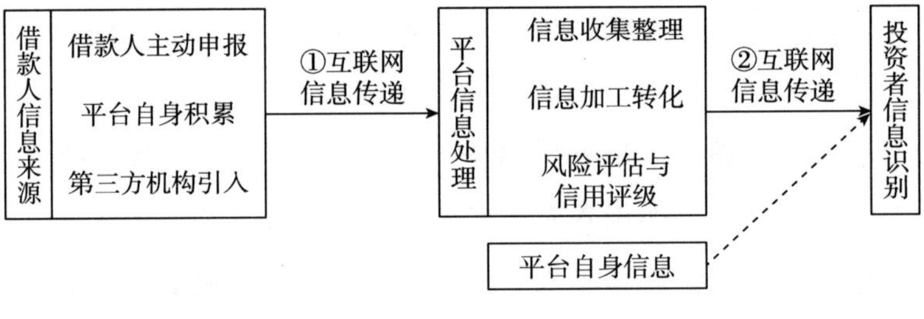

图 5. 1　网络借贷中的信息处理流程

5. 1. 3　网络借贷中信息不对称的根源

因为平台企业在网络借贷中起到信息中介的作用，所以信息不对称主要就发生在两个环节：借款人和平台之间（图 5. 1 中的第①阶段）、平台与投资者之间（图 5. 1 中的第②阶段）。首先，借款人在主动申报信息时的刻意隐瞒是造成借款人与平台之间信息不对称的首要原因，而平台自身信息积累不够、第三方机构的信息共享机制不健全，也客观加剧了信息不对称的状态。其次，在网络借贷信息披露机制不健全的情况下，平台机构只是将借款人信息和项目信息加工处理后传递给投资者，但普遍缺乏对自身机构信息和运营信息的披露（图5.1中的虚线部分），造成投资者缺乏对平台风险的评估与预判，很容易被平台发布的高收益项目所诱惑和误导，忽视了平台风险的存在，引发平台跑路、自融资、虚假标的等恶劣事件的发生。随着监管机构、行业信息披露相关制度的不断完善，平台风险正逐渐降低，网络借贷中的主要风险还是来自于借款人与平台之间的信息不对称。

5.1.4 网络借贷中的硬信息约束与软信息占优

不管是传统的金融机构借贷、民间借贷还是网络借贷，也不管是基准利率定价法还是成本加成定价法，借款人信息是对其进行风险定价的基础，但不同类别的信息却在不同的借贷分类中发挥着不尽相同的作用。

目前，国内外大多数网络借贷平台在定价时普遍采用基准利率法。但由于网络借贷中的借款人大多为个人，与商业银行对企业进行信用评级时所需的信息有较大差异，在此需要对网络借贷中借款人的信息分类进行重新界定。网络借贷中借款人的硬信息是指与借款人相关的可以量化的财务类信息，比如月收入和收入债务比，从这些硬信息可以判断出借款人的资产状况以及收入状况，从而对借款人的还款能力做出客观评价；软信息则主要从借款人的信用历史和行为偏好视角来反映借款人的主观还款意愿，从而判断借款人在未来不确定条件下的违约概率。硬信息主要来自于借款人在借款时的主动申报，而软信息则来自于借款人在借贷平台上和其他社交网络的长期活动记录。

网络借贷中的借款人多为个人和小微企业，与大型企业相比，并没有充足、透明、健全的财务类硬信息。如表4.2和表4.8所示，Prosper和人人贷平台的信息指标中，关于借款人的财务信息指标都仅有月收入和收入债务比等一两个指标，其他大量指标则都是非财务信息，这就是网络借贷中普遍存在的硬信息约束状态。

人人贷平台2013年11月至2015年7月262970条借款记录的统计结果显示，收入在2000元以下的借款人数量占比达到41.83%，收入在5000元以下的借款人占比达到 75.44%，收入超过 5000 元的借款人不足 1/4，如图 5.2 所示。

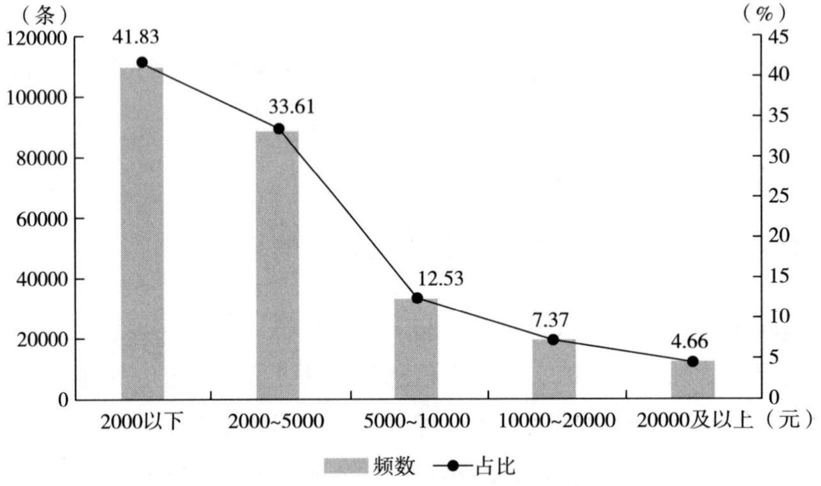

图 5.2　人人贷借款人月收入统计

由图 5.2 可以看出，网络借贷中的借款人财务状况普遍较差，大多是无法满足商业银行借款条件的“长尾”群体，他们没有抵押物，也缺乏担保等还款承诺，无法从传统金融机构获得融资，只能通过“熟人圈子”，依靠关系从民间金融机构获得借贷资金。这种借贷与交易型借贷截然相反，靠的是借款人在“熟人圈子”内良好的信誉，属于关系型借贷的范畴。

关系型借贷不需要抵押担保等还款承诺，依靠的是借款人长期形成的声誉和圈子内熟稔的关系网络。但网络借贷与传统民间借贷也有不同之处，借贷双方之间并没有良好的关系甚至只是陌生人，为了增进借贷双方之间的信任，就需要网络借贷平台尽可能多地提供与借款人相关的软信息，通过这些软信息，可以较为直观地考察借款人的信用状况。

比如我国最早的网络借贷平台拍拍贷所开发的信用风险评估模型——魔镜系统，其核心是利用大数据技术，除了传统的申请资料、信贷数据等审核资料外，魔镜系统还增添了多渠道、多维度的海量数据来构建风险模型，其中包括用户的信用行为、网络黑名单、相关认证、网上行为数据、社交关系数据以及第三方渠道；这些信息经过筛选、转化、加工，最终形成能对每个借贷标的进行准确风险概率预测的客户信用评价信息。

再比如阿里金融依托支付宝开发的芝麻信用，在对个人用户进行信用评分时，主要考察借款人五个方面的信息：身份特质、履约能力、信用历史、人脉关系和行为偏好，如图 5.3 所示。身份特质是指借款人的学习及职业经历信息，以及实名消费行为；履约能力是综合考虑借款人各方面的资产信息以判断其履约能力，包括社保公积金缴纳、动产及不动产等；信用历史主要考察借款人的守约记录和失信行为；人脉关系主要考察与借款人有互动交往的其他人的信用状况以判断借款人的信用状况；行为偏好则通过借款人的购物、缴费、转账、公益等活动来判断借款人的行为特点。通过对借款人五个方面的评价，采取加权平均的方法最终得到借款人的信用评分。从这五个方面来看，只有履约能力涉及借款人的财务信息，其他四个方面则都属于软信息范围。

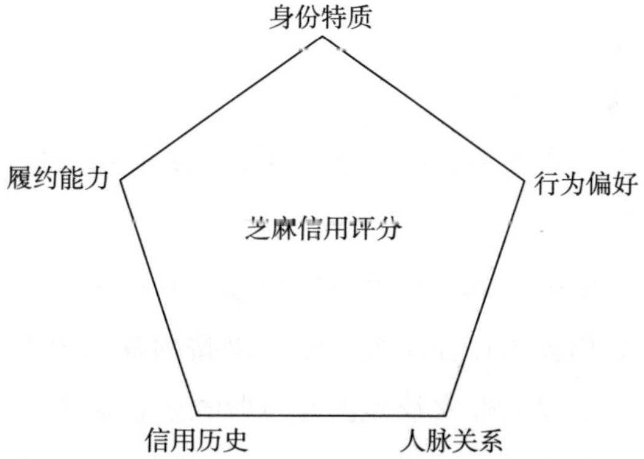

图 5.3　芝麻信用评分的五个要素

从以上分析中可以看出，在关系型借贷中，由于借款人硬信息约束的限制，对其信用风险的识别必须依赖于借款人的软信息，这就是软信息占优。在网络借贷中，借款人同样缺少抵押资产和详细的信用记录等硬信息，但由于互联网技术的飞速发展，大数据、云计算、区块链、垂直搜索等信息技术让借款人在互联网上的所有生活社交活动痕迹等软信息能够被快速收集、整理、加工和传递，成为对其进行风险识别的信息基础。对于网络借贷平台来说，占有借款人的这些软信息尤为重要，可以大大提高其承担信用风险的能力，通过投资于高风险的借款标的，不仅可以获取高收益，还可以优化风险资产组合。软信息的占优程度与风险资产组合的灵活性和违约率下降呈正相关关系，成为网络借贷成功的关键因素，这就是网络借贷中的软信息占优。

5.2 软信息在网络借贷市场中的信号传递作用

根据 Stiglitz 和 Weiss（1981）的结论，如果拥有个人信息的借款人有办法将其信息传递给投资者，或者后者有办法诱使前者揭示其私人信息，就可以破解逆向选择的难题，交易的帕累托改进就可以实现。

一般借款人的信用等级 C 取决于其还款能力和还款意愿，反映了借款人在还款能力基础上的还款意愿的高低。

如果用 θ 表示借款人硬信息的加总，用 s 表示借款人软信息的加总，则：

$$C = C(\theta,\ s) \tag{5.1}$$

即借款人的还款能力越强，还款意愿越强，其信用等级越高。

在网络借贷中，借款人往往是大学生、工薪族或者中小企业主，既缺乏足够的动产或不动产，也没有非常稳定的足额收入，受制于硬信息约束，单纯依靠硬信息很难评判其信用等级的高低，于是只能依赖于软信息。

5.2.1 完全信息条件下网络借贷市场的分离均衡

5.2.1.1 借款人软信息不连续

考虑一个借款人和一个投资者，借款人的信用级别有两个可能，分别为低信用级别（$C=1$）和高信用级别（$C=2$）；借款人知道自己的信用级别，但投资者只知道借款人是低信用和高信用的概率都是 1/2。借款人在借款之前可以选择是否主动披露自己的软信息 s，$s \in (0, 1)$，其中 $s=0$ 代表不主动披露，$s=1$ 代表主动披露；披露软信息的成本为 $B(s, C)=\frac{s}{C}$。网络借贷平台在获取借款人的软信息 s 后，根据预测出来的借款人信用等级决定借款利率水平 $r(s)$，一般来讲借款利率与借款人的软信息之间呈负相关，假定 $r(s)=\alpha-\beta s$。最后，投资者根据借款人信息衡量利率水平，以决定是否对其进行投资。

如果投资者决定投资，则借款人的效用为 $U(r, s)$，投资者的收益为利息收入；若投资者决定不投资，则借款人效用和投资者收益都为零。

注意，软信息的披露成本为 $B(s, C)=s/C$，意味着信用等级越高，软信息披露成本越低，这个关键的假设使软信息披露成为传递信用水平高低的信号，信用等级高的借款人可以通过主动披露软信息来显示自己的良好信用，并以此获得借款利息折扣。

假设网络借贷市场是完全竞争的，则在均衡时投资者利润为零。由于投资者和网络借贷平台都只能观察到借款人的软信息 s，并据此来预测借款人信用等级，但不能真正得知借款人的信用等级 C，所以借贷利率水平只能根据 s 来确定。投资者只能根据其观察到的 s 对借款人的信用水平的概率做出判断，令 $\mu(C=1|s)$ 当观察到借款人软信息 s 时投资者认为其是低信用等级的后验概率，则最终市场一定会达到如下分离均衡：

$$
\begin{aligned}
& s(C=1)=0,\ s(C=2)=1 \\
& r(s=0)=\partial\ ,\ r(s=1)=\partial-\beta \qquad (5.2) \\
& \mu(C=1|s=0)=1,\ \mu(C=1|s=1)=0
\end{aligned}
$$

也就是说，低信用等级的借款人选择不披露软信息，高信用等级的借款人选择披露软信息；借贷平台和投资者认为不披露软信息的一定是低信用等级的，所以借款利率较高，认为披露软信息的一定是高信用等级的，所以借款利率较低。可以证明，这是一个精炼贝叶斯均衡，也是唯一一个均衡结果。在此，低信用等级的借款人不会去模仿或冒充高信用等级的借款人，原因是其披露软信息的成本较高，以致模仿行为不能给其带来更高的效用水平。所以，软信息成为传递借款人信用等级的信号，这样便成功地将不同信用等级的借款人分离开来，实现网络借贷市场资金的最优配置。

5.2.1.2　借款人软信息连续

假设软信息 s 是一个连续变量，但借款人的信用级别依然分别为低信用级别（$C=1$）和高信用级别（$C=2$）；借款人的效用为 U（r，s），则在（r，s）空间可以得到借款人的无差异曲线，如图 5.4 所示。U_1 和 U_2 分别表示低信用级别和高信用级别借款人的无差异曲线，由于高信用级别的借款人更愿意用信用作为抵押来换取利率的让减，所以其无差异曲线相对平缓，而低信用级别的借款人的无差异曲线则更为陡峭。在竞争性市场上，投资者的利润为零，即其利润曲线 $L=0$。

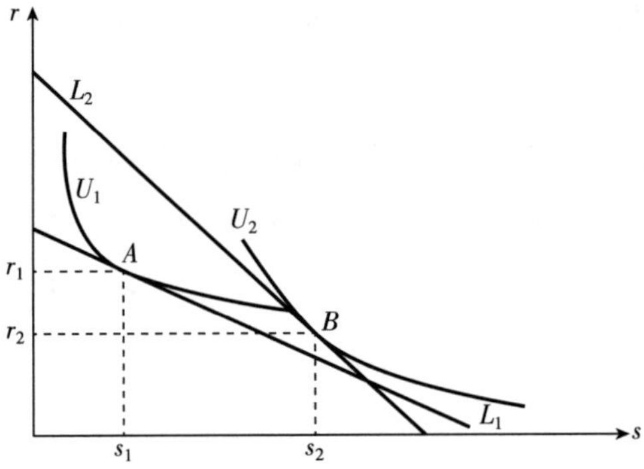

图 5.4　完全信息下借贷市场的分离均衡

在完全信息条件下，投资者完全了解借款人的所有信息，则借贷市场的均衡点在投资者零利润曲线与借款人无差异曲线相切处，分别为 A 和 B 点，即低信用级别借款人选择 s_1 和 r_1；而高信用级别借款人选择主动披露更多软信息以达到 s_2，从而获得更低的借款利率 r_2。

5.2.2　非完全信息条件下网络借贷市场均衡的实现

但在现实的借贷市场上，网络借贷平台和投资者并不能完全了解借款人的所有信息，信息不对称普遍存在，是造成网络借贷市场实现分离均衡的最大障碍。

由于大部分借款人的硬信息约束，投资者只能根据借款人披露的软信息 s 来预判其信用等级 C，所以信息并不完全，于是（A，B）并不能形成均衡，因为很显然低信用借款人过 B 点的无差异曲线高于 U_1，所以低信用借款人会将软信息水平提高到 s_2，冒充高信用借款人以获得低利率 r_2。

假定借款人是低信用级别（$C=1$）和高信用级别（$C=2$）的先验概率为 1/2，令 $\mu(C)=\mu(C=1|s)$，当观察到借款人软信息 s 时，投资者认为其是低信用等级的后验概率，则 $1-\mu(C)$ 是高信用等级借款人的后验概率。

在非对称信息下，精练贝叶斯均衡可以定义为：

（1）存在一个预期的利率函数 $r(s)$，一个软信息水平 s^*；

（2）一个后验概率 $\mu(C)$。

满足两个条件：

激励相容约束条件（P1），也叫作“自选择条件”。

$$\text{给定 } r(s),\ s^* \text{ 最大化 } U(r(s),\ s) \tag{5.3}$$

给定利率函数，则不同信用等级的借款人将选择使自己效用函数最大化的软信息水平 s^*。

参与约束条件（P2）：

$$r(s^*)=\mu(s^*)L_1^{-1}(s^*)+[1-\mu(s^*)]L_2^{-1}(s^*) \tag{5.4}$$

其中，$L_1^{-1}(s^*)$ 和 $L_2^{-1}(s^*)$ 分别是投资者投资于低信用和高信用借款人的零利润函数的反函数；即在均衡时，竞争性市场将会使投资者获得的利息收入等于其产出的期望值，也就是期望利润为零。

借贷市场最终的均衡取决于投资者参与约束条件下借款人的效用最大化行为，但因为投资者的参与约束条件不确定，取决于投资者的后验概率判断，而不同投资者的后验概率可能不一致，所以投资者的零利润曲线不确定，最终的市场均衡也不确定，有可能出现混同均衡，也有可能是分离均衡。

5.2.2.1 混同均衡的实现

所谓混同均衡，是指信用评级机制无法将不同信用等级的借款人进行有限区分，高信用等级的借款人找不到有效的信号，无法通过信号传递将自己的优良信用传递给投资者和网络借贷平台。此时，低信用等级的借款人就会模仿或冒充高信用等级的借款人以实现较低的借款利率。

如图 5.5 所示，投资者根据自己的后验概率进行判断，假定其零利润曲线为弯折的线段（图中加粗的线段），则借贷市场在 E 处实现混同均衡，低信用借款人和高信用借款人都各自选择披露自身的软信息水平达到 s^*，从而达到借款利率 r^*。此时，借贷市场上不同信用风险的所有借款人混杂在一起，投资者无法将不同信用等级的借款人进行有效区分，于是只能接受一个中间水平的贷款利率 r^*。

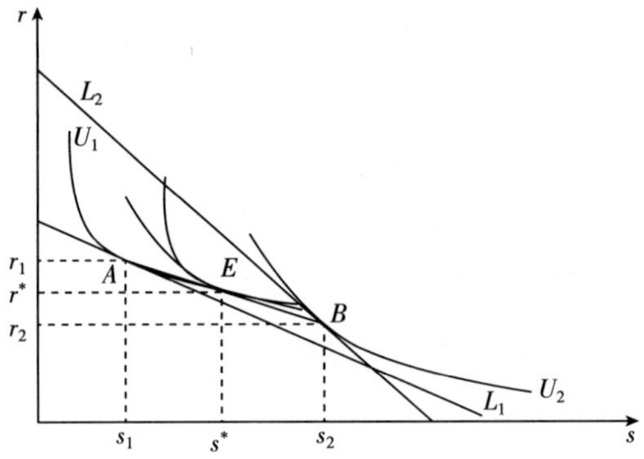

图 5.5 非完全信息下借贷市场的混同均衡

当然，这样的混同均衡点可能不止一个，随着投资者后验概率的变化，其零利润曲线形状发生变化，可能会产生多个均衡点。但是，这样的均衡点注定只能是短期均衡，因为高信用等级的借款人一定不会满足混同均衡的现状，毕竟其不愿与低信用等级的借款人“同流合污”。于是，高信用等级的借款人一定会寻求机会以打破僵局，从而谋求更好的状态。

5.2.2.2 分离均衡的实现

随着投资者的后验概率判断的变化，其零利润曲线也发生改变。如图 5.6 所示，加粗的线段为投资者变化后的零利润曲线，则借贷市场在（A，E）处实现分离均衡（E 是 U_1 与 L_2 的交点），低信用借款人的选择与完全信息下的选择相同，而高信用借款人则选择 s^*，从而达到借款利率 r^*。在此，高信用借款人必须比完全信息条件下披露更多的软信息以达到 s^*，才能将自己与低信用借款人分离开来，所以 $\Delta s = s^* - s_2$ 是实现分离的最低的额外软信息水平。

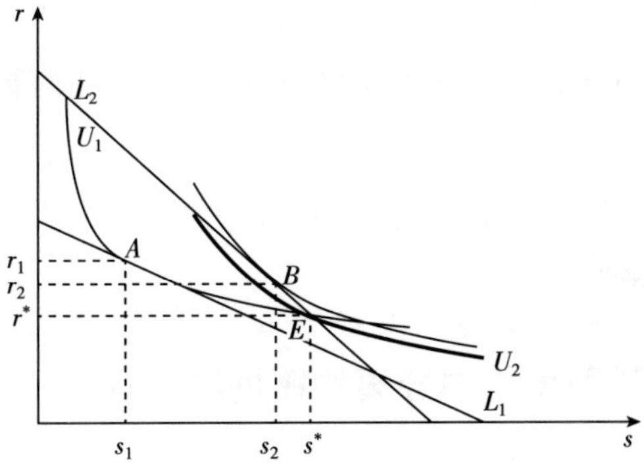

图 5.6　非完全信息下借贷市场的分离均衡

当然，这样的分离均衡点也并不唯一。随着投资者零利润曲线的变化，均衡点也会随之改变。但对比完全信息和不完全信息条件下的分离均衡，可以发现：低信用等级的借款人的选择没有变化，依然是（s_1，r_1）；但高信用等级的借款人则必须披露更多的软信息 Δs，否则的话就有可能陷入混同均衡的窘境。

总之，在不完全信息条件下，投资者无法完全得知借款人的全部信息，也就无法将两种借款人区分开来，会出现低信用等级借款人模仿和冒充高信用等级借款人的现象，于是投资者会调整其后验概率，这样最终均衡点可能达到一种混同均衡。但是高信用等级借款人一定会尽可能地打破这种暂时性的短期均衡，采用多披露软信息的办法来影响投资者的后验概率判断，从而实现分离均衡的目的，但是很显然，这样的努力需要付出更多的成本。

5.3 信息甄别模型下网络借贷市场的分离均衡

在上述博弈分析中，假定借款人先行动，即借款人首先选择其软信息水平 s，平台对借款人进行信用评级并匹配其利率水平 r，最终投资者做出投资决策。如果改变博弈顺序，由网络借贷平台首先行动，设计出一系列贷款合约 (s, r)，借款人根据自身信用状况选择其软信息水平 s，从而获得贷款利率 r，这就是信息甄别模型。

5.3.1 信息甄别模型中分离均衡的唯一性

在信息甄别模型中，均衡指的是存在一组合约 $[(s_1, r_1), (s_2, r_2)]$ 和一个选择规则，使得：

（1）所有借款人实现效用最大化；

（2）投资者利润不能为负；

（3）不存在新的合约能够让投资者得到正利润。

行动顺序的改变对均衡结果有重大影响，最终不可能出现混同均衡，因为总会找到新的均衡使低信用和高信用借款人的效用都得到改善，所以最终的均衡一定是分离均衡。如图 5.6 所示，低信用借款人仍然会选择合约 $A(s_1, r_1)$，因为其他任何合约都不能使借款人的效用得到改善；高信用借款人将选择合约 $E(s^*, r^*)$，因为任何 E 点左侧的合约都不能将低信用和高信用借款人进行有效分离，E 右侧的任何合约都会被利润更高的合约所取代。

在信号传递模型中，可能存在多个均衡（或者混同均衡或者分离均衡），是因为均衡依赖于投资者的后验概率，而后验概率具有任意性，即投资者的零利润曲线不确定，对应不同的后验概率有不同的零利润曲线，也就存在不同的均衡，所以均衡路径是不确定的。但是在信息甄别模型中，借贷平台首先提供贷款合约，后验概率没有任何意义，不会影响投资者的选择。而一旦剔除了

“不合理”的后验概率，剩下的均衡只能是分离均衡，该均衡与信号传递模型中的分离均衡相同。

5.3.2 网络借贷平台对信息甄别模型的实践

在信息甄别模型中，网络借贷平台率先设计好不同的贷款合约方案（s，r），借款人和投资者只需要对号入座即可。根据第5.2节开始时的假设 $C=C(\theta, s)$，在实践中各网络借贷平台已经根据借款人的软信息对其信用等级进行了评价，所以贷款合约方案时间上是（C，r），即借款人信用等级与贷款利率的匹配组合。

以美国的LendingClub平台为例，在对不同信用等级的借款人进行风险定价时，首先考虑当时的基准利率（参考美国国债利率、美国银行贷款利率）；其次在基准利率基础上，加上对不同信用等级借款人的违约风险补偿，即可得到对应不同信用等级的贷款利率。LendingClub平台对借款人的信用等级共分7级35档，每档对应不同的贷款利率，并且随着信用等级的下降，贷款利率也随之提高，体现出明显的风险与收益之间的对称关系，如表5.1所示。值得注意的是，因为基准利率可能会发生变化，所以LendingClub的风险定价表也不定期地随着基准利率的变化而波动变化。

表 5.1 LendingClub 平台信用风险定价 单位：%

贷款利率		档次				
		1	2	3	4	5
信用等级	A	6.03	6.62	7.62	7.90	8.90
	B	9.67	10.99	11.99	12.99	13.67
	C	14.30	15.10	15.61	16.20	17.10
	D	17.76	18.55	19.20	19.52	20.20
	E	21.00	21.70	22.40	23.10	23.40
	F	23.70	24.08	24.50	24.99	25.57
	G	25.80	25.83	25.89	25.99	26.06

资料来源：根据LendingClub官方网站2018年8月的交易数据整理而得。

5.4 本章小结

本章对将借款人信息在网络借贷风险定价中的作用进行了深入研究。在借款人硬信息约束的条件下提出了软信息占优的结论，指出软信息是对不同信用等级借款人进行有效划分的重要信号。然后，在信号传递模型下分析了借款人、投资者和网络借贷平台三者之间的行为博弈，发现在非完全信息条件下，高信用等级的借款人必须主动披露自身软信息以区别于低信用等级借款人，但由于投资者根据借款人软信息对其信用等级的判断的后验概率不确定，最终网络借贷市场可能陷入混同均衡的结局，而无法确定实现分离均衡。而信息甄别模型有效地解决了这个问题，通过提前对贷款合约进行设计，形成一系列贷款合作组合。一方面，借款人一定会尽可能多地披露自身的软信息以获取更低的贷款利率；另一方面，投资者也不用再费尽心思去评判借款人的信用水平，只需要根据自身的风险偏好来选择投资对象即可。这个过程建立在网络借贷平台已经对不同借款人进行了客观公正的信用风险评估和信用等级划分的基础上，所以信息甄别模型实施的关键就是网络借贷平台对借款人进行准确全面的信用风险评估。并且，由于网络借贷中明显的软信息占优现象，风险评估模型一定要基于大数据技术，以借款人软信息分析为主要内容，才能充分发挥互联网技术手段，抓住网络借贷的本质特征，对借款人的违约风险进行有效刻画。

6 基于软信息的网络借贷风险定价及其效率研究

网络借贷风险定价中的核心技术是信用评级。但不同于传统金融机构主要基于硬信息对交易型借贷的信用评级，网络借贷则主要是基于软信息对关系型借贷的信用评级，其最大的特征就是大数据技术，也是最能体现其网络特征的技术之一。信用评级效率的高低直接关系到风险定价的准确性，进一步决定着网络借贷市场上资金配置效率的高低，也是借贷平台之间相互竞争的核心领域。

6.1 网络借贷信用风险评估与信用评级

以信息中介为本的网络借贷中的主要风险是借款人违约风险，也即信用风险。而信用评级的本质是分类，按照信用风险（违约概率）的高低将借款人分为不同等级。在对个人的信用评级中，除了按照“5C”（品质、资本、能力、抵押、条件）原则对借款人进行定性评价外，最常用的定量分析法主要有逻辑回归（Logit）模型、贝叶斯判别法、支持向量机（SVM）、决策树分类法、人工神经网络等。其中 Logit 模型形式简洁、拟合方便，其输出结果直观，易于进行经济学解释，借助 Logit 模型可对借款人信用风险和网络借贷平台的信用评级效率进行对比研究。

6.1.1 基于 Logit 模型的信用风险评估

用 Y 表示借款人的信用状况，$Y=1$ 表示违约，$Y=0$ 表示不违约，用 X 表示借款人的所有特征向量，则 Y 与 X 之间有一定的内在联系，但这种内在联系不易直观察觉，需要借助一个隐形变量 Y^*，假如：

$$Y^* = \beta X' + \varepsilon \tag{6.1}$$

其中，随机扰动项 ε 的累计分布函数为 Logistic，即：

$$F(\varepsilon) = \frac{e^{\varepsilon}}{1+e^{\varepsilon}} \tag{6.2}$$

Y 的取值决定于 Y^*：

$$Y = \begin{cases} 1, & \text{若 } Y^* > 0 \\ 0, & \text{若 } Y^* \leqslant 0 \end{cases} \tag{6.3}$$

于是，借款人违约的概率 P 等于：

$$\begin{aligned} P &= \Pr(Y=1 \mid X) = \Pr(Y^* > 0) = \Pr(\varepsilon > -\beta X') = 1 - F(-\beta X') \\ &= F(\beta X') = \frac{e^{\beta X'}}{1+e^{\beta X'}} \end{aligned} \tag{6.4}$$

$$\ln \frac{P}{1-P} = \beta X' = \beta_0 + \beta_1 x_1 + \beta_2 x_2 + \cdots + \beta_n x_n \tag{6.5}$$

Logit 模型的核心就是式（6.1），将确定的自变量集合 X 以及对应的 Y 作为训练集数据输入模型，即可估计出系数 β，然后即可用该模型对检验集数据进行预测，估计检验集数据的违约概率，即相应借款人的信用风险。

6.1.2 排序 Logit 模型对信用评级的预测

由于信用评级一般分类较多，并且有明显的排序，比如国内外常用的七级分类法：AA、A、B、C、D、E、G，因此需要采用排序 Logit 模型对网络借贷平台的信用评级效率进行检验。

假设 Y 有 j 种状态分类，则可将 j 种状态分别对 Y 赋值 0，1，2，…，$j-1$

来表示。

隐形变量 Y^*：$Y^*=\beta X'+\varepsilon$ (6.6)

Y 的取值与 Y^* 之间有如下对应关系：

$$Y=\begin{cases}0, & 若\ Y^*\leqslant\alpha_1\\ 1, & 若\ \alpha_1<Y^*\leqslant\alpha_2\\ 2, & 若\ \alpha_2<Y^*\leqslant\alpha_3\\ & \vdots\\ j-1, & 若\ Y^*>\alpha_{j-1}\end{cases} \tag{6.7}$$

$\alpha_1<\alpha_2<\cdots<\alpha_{j-1}$ 是一系列待估参数，称为“切点”（Cut）。

则 Y 属于前 i 类的概率 P 等于：

$$P=\Pr(Y^*\leqslant i\,|\,X)=\frac{e^{\alpha_i-\beta X'}}{1+e^{\alpha_i-\beta X'}} \tag{6.8}$$

即：

$$\ln\frac{P}{1-P}=\ln[P(Y^*\leqslant i\,|\,X)]=\alpha_i-\beta X'\quad i=0,\ 1,\ 2,\ \cdots,\ j-1 \tag{6.9}$$

据此，可以推导出 Y 的分布概率为：

$$\begin{aligned}&P(Y=0\,|\,X)=F(\alpha_1-\beta X')\\&P(Y=1\,|\,X)=F(\alpha_2-\beta X')-F(\alpha_1-\beta X')\\&\qquad\vdots\\&P(Y=i\,|\,X)=F(\alpha_{i+1}-\beta X')-F(\alpha_i-\beta X')\\&\qquad\vdots\\&P(Y=j-1\,|\,X)=1-F(\alpha_{j-1}-\beta X')\end{aligned} \tag{6.10}$$

排序 Logit 模型的核心就是式（6.2），将确定的自变量集合 X 以及对应的 Y 作为训练集数据输入模型，估计出系数 α_i，然后即可用该模型对检验集数据进行预测，估计借款人属于某个信用等级的概率。

6.2 网络借贷平台信用评级效率的检验

在不完全信息市场上，信用评级是解决信息不对称和交易价格扭曲的有效手段。一般来讲，信用等级越高，违约风险越低，其贷款利率就越低、成功率越高。因此，对借款人的信用评级的准确性，不仅关系到借款人的借款成功率和借款成本，更是网络借贷市场长期稳定运营的关键环节。混淆矩阵普遍被用来评价分类模型的分类效果，根据所分类别的数量又可分为二元分类混淆矩阵和多元分类混淆矩阵。显然，二元分类混淆矩阵可以用来评价 Logit 模型，而多元分类混淆矩阵可用于评价排序 Logit 模型。

6.2.1 二元分类混淆矩阵

二元分类中 Y 的状态有正负两类（$Y=1$ 和 $Y=0$），用 f_{ij} 表示实际分类为 i 但被预测为 j 的记录数量，则所有记录可以被分为四种情况，将其按照实际分类和预测分类分别对交叉统计，即可得到混淆矩阵，如图 6.1 所示。

		预测的分类	
		+	−
实际的分类	+	f_{++}（TP）	f_{+-}（FN）
	−	f_{-+}（FP）	f_{--}（TN）

图 6.1 二元分类的混淆矩阵

真正（True Positive，TP）或 f_{++}，对应被分类模型正确预测的正样本数；

假负（False Negative，FN）或 f_{+-}，对应被分类模型错误预测的正样本数；

假正（False Positive，FP）或 f_{-+}，对应被分类模型错误预测的负样本数；

真负（True Negative，TN）或 f_{--}，对应被分类模型正确预测的负样本数。

由混淆矩阵可知，被分类模型正确预测的数量为 TP + TN，被错误预测的数量为 FP + FN，所以分类模型预测的正确率 $Accuracy = (TP + TN)/(TP + TN + FP + FN)$，错误率等于 $1 - Accuracy = (FP + FN)/(TP + TN + FP + FN)$。

另外，ROC 曲线（受试者工作特征曲线）能够更为直观地衡量分类模型的性能，其关键的两个指标是真正率 TPR（True Positive Rate）和假正率 FPR（False Positive Rate），真正率是被模型正确预测的正样本比例 $TPR = TP/(TP + FN)$，假正率是被模型错误预测的负样本比例 $FPR = FP/(TN + FP)$。改变模型的分类阈值，可以得到一系列真正率和假正率的组合，以假正率（特异值）为横轴、真正率（敏感度）为纵轴，将这些组合点连接起来就得到 ROC 曲线，如图 6.2 所示。一般来讲，ROC 曲线越靠近左上角，即 ROC 曲线下的面积越大，模型的分类效果越好。如果一个模型的分类完全正确，则 TPR = 1，FPR = 0，则其 ROC 曲线就是图中最上面的水平横线；如果一个模型的分类完全随机，则 TPR = FPR = 0.5，则其 ROC 曲线就是图中的对角线；一般模型的 ROC 曲线则处于随机分类和完美分类之间。

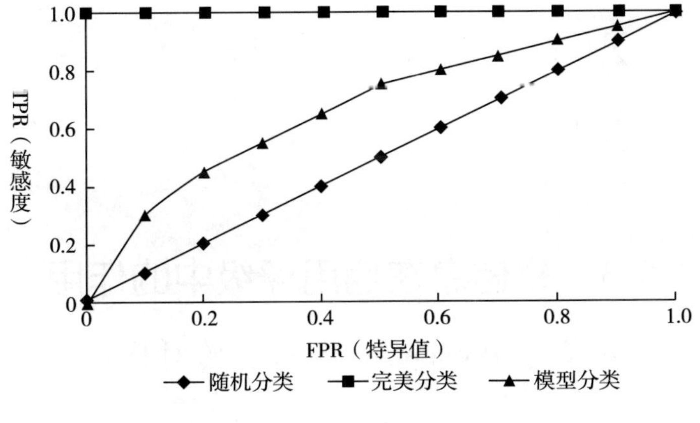

图 6.2 不同分类模型的 ROC 曲线

6.2.2 多元分类混淆矩阵

如果 Y 的状态有 k 种分类（$k>2$），用 f_{ij} 表示实际分类为 i 但被预测为 j 的记录数量，则模仿二元分类可得到多元类的混淆矩阵，如表 6.1 所示。当 $i=j$ 时，f_{ii} 则是指被正确预测的记录数量，即表中对角线上的数字；当 $i\neq j$ 时，f_{ij} 则是指被错误预测的记录数量，对应表中非对角线上的数字。

表 6.1 多元分类的混淆矩阵

		预测的分类				
		0	1	2	…	j
实际的分类	0	f_{00}	f_{01}	f_{02}		f_{0j}
	1	f_{10}	f_{11}	f_{12}		f_{1j}
	2	f_{20}	f_{21}	f_{22}		f_{2j}
	…					
	j	f_{j0}	f_{j1}	f_{j2}		f_{jj}

则多元分类模型预测的正确率 *Accuracy* 等于：

$$Accuracy = \frac{\sum_{i=0}^{k} f_{ii}}{\sum_{i=0,j=0}^{k} f_{ij}} \tag{6.11}$$

6.3 软信息在信用评级中的作用
——基于 Prosper 和人人贷的对比研究

Prosper 和人人贷分别是美国和我国网络借贷市场上的重要平台，历时时间长、成交规模大、借贷者数量多，数据丰富、全面且连续性好，本节以这两个平台为对象，对网络借贷平台的信用评级制度及其效率做实证对比研究。

6.3.1 Prospe和人人贷的信用评级制度

6.3.1.1 基于FICO的Prosper信用评级体系

美国社会的征信体系非常成熟完善，针对普通民众的个人信用评分系统主要是Fair Isaac Company所研发的FICO评分系统，该系统在评分时主要关注客户的五个方面：信用偿还历史、信用账户数量、使用信用的年限、新开立的信用账户、正在使用的信用类型。

（1）信用偿还历史。

影响FICO得分的最重要的因素是客户的信用偿还历史，在FICO评分体系中权重为35%，主要显示客户的历史偿还情况，以帮助贷款方了解该客户是否存在历史的逾期还款记录。主要包括：各种信用账户的还款记录（包括信用卡、零售账户信用、分期偿还贷款、金融公司账户、抵押贷款等）、公开记录及支票存款记录（破产记录、丧失抵押品赎回权记录、法律诉讼事件、留置权记录及判决等）、逾期偿还的具体情况（逾期的天数、未偿还的金额、逾期还款的次数和逾期发生时距现在的时间等）。

（2）信用账户数。

客户的信用账户数在FICO评分体系中权重为30%，仅次于还款历史记录对得分的影响。一般来讲，客户的信用账户数量越多，说明其可以动用的资金数量越多，当出现资金链危机时，客户的回旋余地越大，所以违约风险越低；反之，则说明客户的还款能力有限，存在较高的信用风险，也意味着具有更高的逾期还款概率。

（3）使用信用的年限。

该项因素在FICO评分体系中权重为15%。一般来讲，使用信用的历史越长，越能增加FICO信用得分。该项因素主要指信用账户的账龄，既考虑最早开立的账户的账龄，也包括新开立的信用账户的账龄，以及平均信用账户账龄。

（4）新开立的信用账户。

该项因素在FICO评分体系中权重为10%。一般在很短时间内开立多个信用账户的客户具有更高的信用风险，尤其是那些信用历史不长的人，因此该项因素主要考察客户新开立的信用账户数、新开立的信用账户账龄、目前的信用申请数量、贷款方查询客户信用的时间长度、最近的信用状况等。

（5）正在使用的信用类型。

该项因素在 FICO 评分体系中权重为 10%。主要分析客户的信用卡账户、零售账户、分期付款账户、金融公司账户和抵押贷款账户的混合使用情况，具体包括：持有的信用账户类型和每种类型的信用账户数。

根据客户在以上五个方面的得分按照加权平均法即可得到客户的 FICO 得分，得分范围为 300～850 分，得分越高说明客户违约概率越低，风险越小。在美国的信贷活动中，贷款方普遍以借款人的 FICO 得分为参考依据进行贷款决策，比如是否发放贷款、贷款额度大小、是否需要抵押等。如果借款人的信用评分达到 680 分以上，可以认为借款人的信用卓著，同意发放款；如果借款人的信用评分低于 620 分，则要求借款人增加担保，或者拒绝贷款；如果借款人的信用评分在 620～680 分，则需要作进一步的调查核实，或采用其他的信用分析工具具体处理。

美国的网络借贷平台大多也都以 FICO 得分为主要参考依据对借款人进行信用评级，但在具体评级时会根据借款人在该平台上的信用记录作进一步调整。比如 Prosper 平台，如果借款人在平台上按期还款次数越多、金额越大，则其信用评级会逐步提高，而违约逾期还款则会降低信用评级。另外，针对每一个借款标的，平台还会根据借款额度和借款期限作进一步调整，借款金额越大、借款期限越长，则该标的的信用评级会相应地被调低。

6.3.1.2 线上线下相结合的人人贷信用评级制度

相对美国覆盖全社会比较健全成熟的征信体系，我国的征信还处于发展初期，政府部门、各行业协会甚至各公司都在谋求建立适合自身需求的征信系统，信息孤岛现象较为普遍，尚未能形成开放合作的信息共享机制，是制约小微企业和个人金融服务发展的主要障碍。在这样的大环境下，作为我国网络借贷行业中的领先企业，人人贷力求建立符合我国金融现状和具有中国特色的个人信用认证机制和信用评级体系。

（1）信用认证机制。

信用认证是指认证机构对申请人所提供信息的真实有效性进行审核判断的制度，是增进借款人与平台、投资者之间信任关系的有效手段。人人贷平台在注册和申请贷款时需要借款人提供两类认证指标：必要认证指标和可选认证指标。必要认证指标包括身份认证、信用报告认证、工作认证和收入认证；可选认证指标包括房产认证、车产认证、婚姻认证、学历认证、居住地认证、视频认证、手机认证和微博认证。

（2）信用认证方式有两种：线上认证和线下认证。

线上认证是指信用审核部门对借款人提供的所有信息进行线上认证审核；线下认证则由人人贷或合作机构的当地工作人员对借款人情况进行实地走访和审核。在健全征信体系的保障下，欧美国家普遍采用纯线上的认证方式；与之形成鲜明对比的是，我国普遍采用线上与线下相结合的信用认证方式，以防范恶意欺诈风险。

（3）信用评分与评级制度。

人人贷的信用审核部门对借款人所提交的信用认证材料进行审核，逐项判断并给出信用认证得分，根据信用评级指标体系进行加权平均计算出信用认证得分，得出借款人的信用评级。信用认证得分和信用评级的对照情况为：AA：160 分以上，A：145 ~ 159 分，B：130 ~ 144 分，C：120 ~ 129 分，D：110 ~ 119 分，E：100 ~ 109 分，HR：0 ~ 99 分。

6.3.2 Prosper 和人人贷对借款人信息要求的差异

因为美中两国在金融制度、金融市场、金融工具、金融机构、金融环境等诸多方面存在较大差异，所以网络借贷平台对借款人信息要求也存在较大差异，对比情况如表 6.2 所示。

根据第 5 章对借款人信息分类的定义，硬信息是指与借款人相关的可以量化的财务类信息，用于判断借款人的资产及收入状况，从而对借款人的还款能力做出评价。表 6.2 中借款人信息分为身份特征、工作特征、收入特征和固定资产，这些指标大多都是借款人注册和申请借款时按照平台要求所主动提交的

表 6.2 Prosper 平台与人人贷平台借款人信息情况对比

		Prosper 平台	人人贷平台
硬信息	身份特征	无	性别（Gender）
			年龄（Age）
			婚姻（Marriage）
			教育（Education）
	工作特征	工作经验（Experience）	工作经验（Experience）
		工作状态（Work Status）	工作性质（Type）
	收入特征	月收入（Income）	月收入（Income）
		债务收入比（Debt to Income Ratio）	
		银行卡可用额度（Available Bankcard Credit）	
	固定资产		房产（House）
			房贷（House – D）
			汽车（Car）
			车贷（Car – D）
软信息	平台积累信息	在平台已还款次数（Payments）	在平台申请借款次数（Apply）
		在平台按时还款次数（On Time Payments）	在平台成功借款次数（Success）
		在平台借款金额（Principal）	在平台按时还款次数（Payoff）
		在平台未还款金额（Principal Outstanding）	在平台逾期次数（Overdue）
		平台信用评级（Grade）	平台信用评级（Grade）
		平台信用评分（Score）	平台信用评分（Score）
	公开信息或第三方金融机构信息	在金融机构逾期次数（Current Delinquencies）	无
		在金融机构逾期金额（Amount Delinquent）	
		第三方消费信用评分（Credit Score）	
	社会网络关系	是否属于群组（Group）	无
		朋友投资者数（Investment from Friends Count）	

续表

		Prosper 平台	人人贷平台
软信息	社会网络关系	朋友投资金额（Investment from Friends Amount）	无
		借款人被推荐次数（Recommendations）	
		社会公共记录（Open Credit Lines）	
订单信息	借款特征	贷款金额（Amount）	贷款金额（Amount）
		贷款期限（Term）	贷款期限（Term）
		贷款利率（Interest）	贷款利率（Interest）
		贷款用途（Purpose）	贷款用途（Purpose）
		投资者数（Investors）	投资者数（Investors）
		月还款额（Monthly Loan Payment）	月还款额（Monthly Loan Payment）

资料来源：Prosper 与人人贷官方网站。

信息，经过量化处理后都可以转化为借款人的硬信息。而平台累计信息、公开信息或第三方金融机构信息、社会网络关系则大多用于反映借款人信用历史、社交关系和行为偏好，可用于评价借款人的还款意愿，属于软信息范畴。

通过对比可以看到，人人贷平台的信息更多的是硬信息，软信息主要来自于平台自身的积累，来源渠道单一，指标数量较少。而 Prosper 平台则更注重软信息建设，除了平台自身积累，还有大量来自公开渠道或者第三方机构的历史信用记录信息，更有来自社会网络的人脉关系信息。

网络借贷属于关系型借贷，根据前文的硬信息约束和软信息占优理论，对借款人信用风险的评估和信用评级更应该关注其软信息，从这一点进行判断，美国 Prosper 平台的信用评级效果会更好，下面将用数据对这个结论进行实证检验。

6.3.3 信用评分与借款人信息之间的关系

根据信用风险理论，借款人的信用评分的依据是借款人的信息，这些信息转化为可以量化的指标后，按照重要程度分别赋权加总后得到，所以借款人的信用得分应该是借款人相关信息的函数。

6.3.3.1 理论假设与模型

假设：网络借贷平台对借款人的信用评分来自于借款人的硬信息和软信息。

$$Score=\alpha\sum H\_Info+\beta\sum S\_Info+\varepsilon \tag{6.12}$$

其中，*Score* 是平台对借款人的信用评分，*H_Info* 和 *S_Info* 分别表示借款人的硬信息变量和软信息变量，α 和 β 分别表示借款人应信息变量和软信息变量对其信用评分的影响系数，ε 表示随机干扰项。

6.3.3.2 变量选取与数据处理

所有指标变量如表 6.2 所示，人人贷平台样本从 2015 年 11 月到 2016 年 12 月，除去机构担保和实地认证的标的，仅保留信用认证标的共 262970 条记录；Prosper 样本从 2015 年至 2016 年，交易记录共 113937 条。

一些特征变量需转换为虚拟变量：性别（男性取 1，女性取 0）、婚姻（已婚取 1，未婚取 0）、教育（高中及以下、大专、本科、研究生及以上分别取值 1、2、3、4）、收入（月收入 2000 元以下、2000～5000 元、5000～10000 元、10000～20000 元、20000 元及以上分别取值 1、2、3、4、5）、工作经验（工作经验 1 年以下、1～3 年、3～5 年、5 年以上分别取值 1、2、3、4）、工作性质（按照订单类型可分为工薪贷、网商贷和私营企业主贷，分别赋值 1、2、3）、房产（有房取 1，否则取 0）、汽车（有车取 1，否则取 0）、房贷（还清房贷取 1，否则取 0）、车贷（还清车贷取 1，否则取 0）、群组（加入某群组取 1，否则取 0）。

另外，因为平台信息指标有重复信息，需要对其做变换处理，对人人贷平台引入两个新的指标：借款成功率（*HBS*）和借款还清率（*Payoff*），其中借款成功率（*HBS*）= 成功借款次数/申请借款次数，借款还清率（*Payoff*）= 按时还款次数/成功借款次数。

对 Prosper 平台，也引入两个新的指标：按时还款比率（*Ontime*）和借款还清率（*Payoff*），其中按时还款比率（*Ontime*）= 按时还款次数/已还款次数，借款还清率（*Payoff*） =1 − 未还款金额/借款金额。

6.3.3.3 结果

使用 OLS 模型对 Prosper 和人人贷平台的样本数据分别进行实证检验，为了克服截面数据存在的异方差问题，采用稳健型回归，结果如表 6.3 所示。

表 6.3 网络借贷平台信用评分与借款人信息之间的关系

Prosper			人人贷		
解释变量	系数	t 值	解释变量	系数	t 值
工作经验	0.0004 ***	4.47	性别	-0.8303 ***	-5.21
收入	0.0000463 ***	4.66	年龄	0.2394 ***	20.66
债务收入比	-0.8546 ***	-11.85	教育	3.4602 ***	51.39
信用卡可用额度	0.00003 ***	29.09	婚姻	0.8011 ***	7.52
消费信用评分	0.0141 ***	60.51	工作经验	0.1498 ***	21.5
社会公开信用记录	-0.0594 ***	-21.41	收入	0.7026 ***	14.12
逾期次数	-0.1229 ***	-13.75	房产	0.0641	0.58
逾期金额	-0.00004 ***	-4.63	汽车	2.2592 ***	12.9
群体	0.162 ***	3.09	房贷	-5.3845 ***	-26.4
按时还款率	1.0368 ***	37.02	车贷	-0.2427	-0.93
历史还款率	0.9747 ***	19.07	借款成功率	50.0684 ***	45.20
			借款还清率	58.3001 ***	143.85
常数项	-4.6255 ***	-28.47	常数项	16.1151 ***	35.64
观测值	84853		观测值	262970	
Adj R - squared	0.2415		Adj R - squared	0.2924	

注：*** $p<0.01$、** $p<0.05$，* $p<0.1$。

可以看出，不管是 Prosper 还是人人贷，平台对借款人的信用评分与借款人的软硬信息变量指标关系密切。对于人人贷平台来说，借款人的房产和车贷对其信用评分影响不显著，但在其他条件不变的情况下，女性、年长者、高学历者、结婚者、工作经验丰富者、高收入者、有车族的信用评分更高，而房贷未还清则会降低评分，在平台的历史借款成功率和借款还清率则会显著提高平台对其信用评分；Prosper 平台对借款人的信用评分除了关注借款人的工作经验、收入、债务收入比和信用卡可用额度等硬信息之外，平台自身的历史数据也对借款人的信用评分有较大影响，按时还款率和借款还清率都能显著提高信用评分，Prosper 更关注来自于第三方的软信息，比如来自第三方公司的消费信用评分和加入群组能够提高借款人的信用评分，而公开的社会信用记录、在金融机构的逾期次数和逾期金额都会显著降低其评分。

6.3.4 Prosper 和人人贷信用评级效率的对比研究

网络借贷平台对借款人的信用评级由其软硬变量等因素来决定，各因素对信用评级的影响可由式（6.13）来衡量：

$$Grade = \alpha \sum H\_Info + \beta \sum S\_Info + \varepsilon \tag{6.13}$$

其中，*Grade* 是平台对借款人的信用评级，Prosper 和人人贷的信用评级都采用七级分类法，假设0～6分别对应 AA、A、B、C、D、E 和 HR。由于被解释变量属于按序排列的分散变量，所以可采用排序 Logit 模型进行研究。

6.3.4.1 Prosper 的信用评级效率分析

同样的方法对 Prosper 平台的信用评级效率进行检验，所得混淆矩阵如表 6.4 所示，评级准确率达到了 97.00%；ROC 曲线如图 6.3 所示，ROC 曲线下面积达到了 97.38%，与混淆矩阵计算的准确率略有误差。

表 6.4 Prosper 平台信用评级的分类混淆矩阵

		预测的分类							
		AA	A	B	C	D	E	HR	合计
实际的分类	AA	5211	0	0	0	0	0	161	5372
	A	0	14114	0	0	0	0	437	14551
	B	0	0	15114	0	0	0	467	15581
	C	0	0	0	17795	0	0	550	18345
	D	0	0	0	0	13846	0	428	14274
	E	0	0	0	0	0	9501	294	9795
	HR	15	28	30	42	40	53	6727	6935
	合计	5226	14142	15144	17837	13886	9554	9065	84853

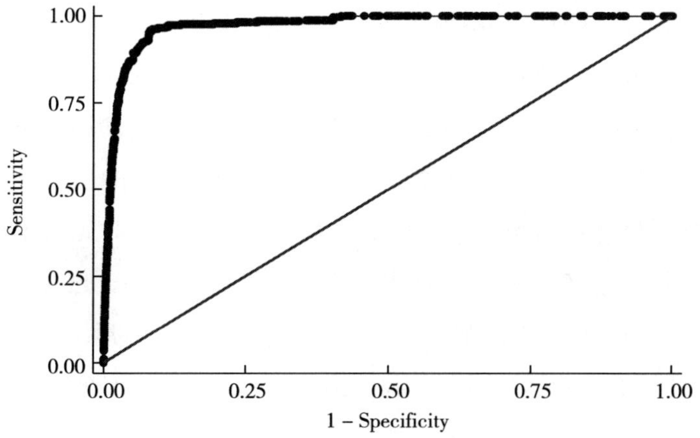

图 6.3 Prosper 信用评级效率的 ROC 曲线

注：Area under ROC curve = 0.9738。

6.3.4.2 人人贷的信用评级效率分析

分别用排序 Logit 模型对式（6.13）进行估计，并将结果按照混淆矩阵进行统计，结果如表 6.5 所示。

表 6.5 人人贷平台信用评级的分类混淆矩阵

		预测的分类							
		AA	A	B	C	D	E	HR	合计
实际的分类	AA	5	4	1	0	0	0	131	141
	A	7	94	21	10	2	0	1809	1943
	B	0	5	17	3	0	0	320	345
	C	0	1	3	22	2	1	694	723
	D	1	4	3	7	83	3	3055	3156
	E	2	6	11	24	30	391	4596	5060
	HR	0	69	85	204	477	869	249898	251602
	合计	15	183	141	270	594	1264	260503	262970

注：表中数字是订单数量。

可以看到，该模型对信用评级的估计准确率还是相当高的，整体达到了95.26%。如果用ROC曲线来衡量人人贷平台信用评级的效率，结果如图6.3所示，ROC曲线下面积达到了95.32%，与混淆矩阵计算的准确率几乎相当。

通过对比也能明显看到，虽然Prosper与人人贷平台的信用评级效率都比较高，但比较起来还是Prosper的准确率更胜一筹。因为对比时采用相同的方法，究其原因，只能是影响信用评级的因素差异所导致的，这与此前的结论相一致：因为Prosper平台更注重软信息建设，尤其是来自与第三方的社会关系，增强了信用评级的准确性。因此，我国网络借贷平台今后应加强对借款人软信息的征信，尤其要加强与第三方合作，扩大信息来源渠道。

6.4 借款人声誉对网络借贷风险定价的影响——对人人贷的实证分析

借款人的声誉是其在长期的借贷活动中所累积起来的信用记录，当借款人缺乏抵押、担保等硬信息时，可以作为一种无形资产，对增进信任关系、促进交易达成起到关键作用。

6.4.1 理论分析

网络借贷的本质已经确定为信息中介，在发挥信息集聚作用时，通过信用认证机制和信息披露机制，可以使借款人的信息以较低成本在平台和投资者之间传递。在这个信息传递过程中，网络借贷通过信息技术重塑了金融组织形态，降低了资金融通的交易成本，包括资金供求双方相互的搜寻成本、投资者获取借款人信息的成本、投资者识别信息以做出投资决策的成本、借贷双方之间讨价还价的成本、投资者对借款人的监督成本和借款人的违约成本。如果平台能够通过信用认证和信息披露机制设计有效地揭示借款人的信用状况，就会显著降低由于信息不对称给投资者带来的搜寻成本和决策成本。与民间借贷等传统的关系型借贷相比，网络借贷更强调信息的公开和共享，获取信息的边际成本递减大大降低了借款人和投资者所需要分担的信息成本。另外，长期交易中所积累的软信息，在无形中形成了一种宣传效应，促进和加深了交易双方信任关系，从而降低双方的谈判成本。借款人在长期交易中如果形成良好的声誉，则更能增加借款人的议价能力，而坏的声誉则会导致信贷约束，形成声誉和约束机制，从而抑制借款人的短期投机行为，促进借贷双方长期互信关系的建立，降低平台对借款人的监督成本。

网络借贷中借款人的信息是交易成败的关键因素，根据前文所提出的硬信息约束和软信息占优理论，借款人在长期借贷中所形成的声誉是典型的软信息，可以在网络借贷中发挥极为重要的作用。平台通过对借款人声誉信息变量的生产、加工、传递，可以降低借贷双方信息不对称的程度。因为我国征信体系的滞后和信息孤岛困境，短期内要实现全社会范围内软信息共享难度较大，所以依靠自身积累成为各网络借贷平台不得不摸索探寻的必由之路。接下来，以人人贷平台为研究对象，以借款人在以往借贷中所形成的借款成功率和借款还清率为借款人声誉指标，通过实证分析揭示软信息在网络借贷交易中的作用。

6.4.2 假设的提出与模型设计

首先，借款人声誉会影响到借款的成功率，声誉良好的借款人肯定借款成功率高；其次，声誉影响借款金额，声誉良好的借款人肯定能得到更多的借贷资金；最后，声誉会影响借款的成本，声誉良好的借款人能以更低的成本获得借贷资金。

于是，本节要检验以下四个假设：

假设 1：借款成功率与借款人的声誉正相关。

$$Logit(State=1)=\alpha_1 Rep+\alpha_2 H+\alpha_3 Rep\times H+\alpha_4 O\_Info+\varepsilon \tag{6.14}$$

其中，*State* 是贷款成功变量（1 和 0 分别代表成功和失败）；*Rep* 代表借款人的声誉变量，包括借款成功率（*HBS*）和借款还清率（*Payoff*）；*H* 代表借款人的硬信息加总变量，由借款人的所有硬信息合成而来；*O_Info* 代表订单信息变量。由于被解释变量借款成功率是典型的二元离散式变量，所以用Logit模型进行估计。

假设2：借贷金额与借款人声誉正相关。

$$\begin{cases} Amount^{*} = \alpha_1 Rep + \alpha_2 H + \alpha_3 Rep \times H + \alpha_4 O\_Info + \varepsilon \\ Amount = (0, Amount^{*}) \end{cases} \tag{6.15}$$

其中，*Amount* 是贷款金额，当借款失败时借款金额为零，所以需要用Tobit模型进行回归估计。

假设3：借款利率与借款人声誉负相关。

$$Interest = \alpha_1 Rep + \alpha_2 H + \alpha_4 O\_Info + \varepsilon \tag{6.16}$$

其中，*Interest* 是借款利率；该模型用OLS进行估计。

假设4：借款人贷后的违约率与其声誉负相关。

$$Logit(Default = 1) = \alpha_1 Rep + \alpha_2 H + \alpha_3 O\_Info + \varepsilon \tag{6.17}$$

6.4.3 样本选择、变量设计与统计性描述

本节选取人人贷平台2013年11月至2015年7月的订单数据作为研究对象，剔除机构担保、实地认证的标的，仅保留信用认证标的，整理后共得到262970条记录，其中成功借款15896条，失败247074条。由于要研究借贷积累的软信息，所以对非首次借款标的进行特别统计，共180479条，成功借款9235条，失败171244条。

（1）构造硬信息加总变量 H。

如前文所述，借款人硬信息包含诸多变量，为了研究借款人硬信息与声誉变量之间的相互关系，需要将借款人的硬信息变量进行加总，采用迭代主因子进行因子分析，KMO检验结果如表6.6所示，大多数检测值都大于0.5，因子荷载都大于0.3，说明样本适合采用因子分析法。

因子分析结果如表6.7所示，根据特征值大于1的原则保留一个因子，该因子即为借款人的硬信息加总指标，用来衡量借款人的所有硬信息。借款人的硬信息加总指标的描述性统计如表6.8所示，均值为1.22e－09，最大值、最小值分别为3.5964和－1.6966。

表 6.6 因子分析 KMO 结果及因子荷载

借款人特征变量	KMO 检验结果	因子荷载
性别	0.3583	0.7723
年龄	0.6019	0.3276
婚姻	0.6322	0.4053
教育	0.4775	0.6768
收入	0.6974	0.3707
工作经验	0.6922	0.6015
工作性质	0.5870	0.4020
房产	0.7234	0.4705
房贷	0.7066	0.6011
车产	0.6776	0.5006
车贷	0.7741	0.6552
全样本	0.6009	

表 6.7 硬信息加总指标 H 的因子分析结果

	因子 1	因子 2	因子 3	因子 4	因子 5	因子 6	因子 7	因子 8	因子 9	因子 10	因子 11
特征值	2.1132	0.8925	0.7021	0.5032	0.4114	0.1584	0.1015	0.0398	0.0049	0.0031	-0.0004
比重	0.3979	0.1974	0.147	0.0891	0.0711	0.034	0.0212	0.017	0.0015	0.0004	-0.0001
累计	0.3959	0.5997	0.6874	0.8547	0.9542	0.9677	0.9789	0.9921	0.9987	1.0002	1

表 6.8 硬信息加总指标 H 的描述性统计

	样本量	均值	标准差	最小值	最大值
硬信息加总指标	180479	1.22e-09	0.904	-1.6966	3.5964

（2）其他变量的描述性统计。

其他变量的描述性统计如表 6.9 所示，成功借款标的的平均利率为 11.87%，显著低于失败标的的 12.75%，说明投资者在投标时并没有一味追求高收益；成功借款标的的平均借款金额为 21148 元，显著低于失败标的的 59960 元，说明额度较大的借款成功率较低；成功借款标的的平均期限为 13.08 个月，显著低于失败标的的 18.18 个月，说明投资者在投标时更青睐短期订单；成功借款标的的平均历史借款成功率为0.3351，显著高于失败标的的0.0079，成功借款标的的平均历史借款还清率为0.3741，显著高于失败标的的0.0508，说明历史借款成功率和历史借款还清率的确有助于新借款的成功。

表6.9 其他变量的描述性统计

变量	总样本		失败样本		成功样本		W－M检验
	均值	标准差	均值	标准差	均值	标准差	
Interest	12.7403	2.9502	12.7507	2.8445	11.8746	1.6907	60.77***
Amount	56729.84	86171.44	59960.44	86559.02	21148.08	24323.69	68.52***
Term	16.2288	10.4421	18.1754	10.5444	13.0758	9.8114	48.95***
HBS	0.0229	0.1187	0.0079	0.0620	0.3351	0.41	－209.7
Payoff	0.0591	0.2508	0.0508	0.2108	0.3741	0.5114	－108.9

注：剔除首次申请的订单后，有效记录180479条，其中成功借款订单9235条，失败订单171244条。*** $p<0.01$。

6.4.4 实证结果分析

（1）借款人声誉对借款成功率的影响。

利用Logit模型对式（6.14）进行回归，声誉变量分别采用历史借款成功率（*HBS*）和借款还清率（*Payoff*），结果如表6.10中第（1）列和第（2）列所示。硬信息加总指标*H*作为借款人最关键的可量化特征变量，是借款人财务能力指标；其对借款成功率的影响显著为正，边际效应分别为0.0212和0.0322，说明借款人硬信息加总指标提升1%，则借款成功率分别提高0.0212%和0.0322%。历史借贷成功率（*HBS*）是多次借贷后累计的软信息，可以成为借款人在多次反复博弈中的信号，降低了交易成本。这种长期形成的隐形契约是借款人、平台和投资者之间的信任关系，作为借款人的无形资产能够有效抑制信息扭曲，提高市场的公开、公平和公正度。历史借贷成功率（*HBS*）对借贷成功率影响的边际效应显著为0.2914，即历史借贷成功率提高1%，则会使借贷成功率提高0.29%。历史借贷还清率（*Payoff*）代表借款人贷后违约的可能性。借款还清率（*Payoff*）的边际效应显著为0.1122，即历史借款还清率提高1%，则会使借款成功率提高0.11%。硬信息加总变量*H*与两个声誉变量的交互项的边际效应分别为-0.0412和-0.0496，在1%水平下显著小于零，说明借款人硬信息与声誉之间存在替代效应，即硬信息越多，声誉对借款成功率的影响越小；硬信息越少，则声誉越能提高借款成功率。也就是说，那些财务状况良好的借款人，其硬信息更为充分，此时其声誉等软信息的作用不明显；但对那些缺乏良好财务指标的大多数借款人来说，由于受到硬信息约束，声誉等软信息就能发挥更大的作用。这个结论非常关键，对于信用评级较低的借款人，为了能够获得资金的青睐，就必须依靠长期的软信用积累，首先不要轻易地发布借款申请，对每个借款申请要充分披露自己的软信息以展示自己良好的社会关系，增进与平台和投资者之间的互信关系，以提升借款成功率；另外，要按时如约还款，珍惜自己的信用记录，形成长期履约习惯。整个方程的拟合优度统计量 R^2 和LR统计量均在1%水平上显著，说明回归模型整体显著性较高。

表6.10　借款人声誉对借款成功率的影响

被解释变量	借款成功率(State)					
	Logit		hetLogit		ivLogit	
	(1)	(2)	(3)	(4)	(5)	(6)
H	0.0212*** (37.5404)	0.0322*** (47.8678)	0.0226*** (39.5025)	0.0346*** (52.3611)	0.3987*** (19.1104)	0.5501*** (32.6923)
HBS	0.2914** (87.0054)		0.2748*** (83.0242)		3.6828*** (82.899)	
H×*HBS*	-0.0412*** (-17.6051)		-0.0496*** (22.3954)		-0.6991*** (-15.8704)	
Payoff		0.1122*** (80.1046)		0.1154*** (79.1744)		1.2958*** (74.6651)
H×*Payoff*		-0.0238*** (-18.1805)		-0.0308*** (-27.3004)		-0.4150*** (-24.5138)
Interest	0.0137*** (6.9331)	0.0071*** (3.7686)	0.0154*** (5.9947)	0.0061*** (3.8807)	0.1997*** (6.0084)	0.1361*** (5.2261)

续表

被解释变量	借款成功率(State)					
	Logit		hetLogit		ivLogit	
	(1)	(2)	(3)	(4)	(5)	(6)
Interest^2	-0.0007***	-0.0006***	-0.0007***	-0.0006	-0.01041***	-0.0073***
	(-7.7741)	(-6.254)	(-8.1147)	(-6.0114)	(-11.2241)	(-9.2012)
Log(*Amount*)	-0.0304***	-0.0298***	-0.0278***	-0.0347***	-0.4857***	-0.5020***
	(-58.0047)	(-58.0047)	(-58.4414)	(-68.4117)	(-50.5044)	(-57.1774)
Term	0.0005**	-0.0001	0.0005*	-0.0002	0.0081*	0.0025**
	(7.7742)	(-1.7004)	(6.65542)	(-1.5784)	(9.2401)	(3.0044)
Wald 异方差检验(P 值)			457.4600***	1570.1000***		
			(0.0000)	(0.0000)		
Wald 内生性检验(P 值)					80.4700	239.0039
					(0.0000)	(0.0000)
一阶段 F 值(P 值)					1908.0000	2087.2800
					(0.0000)	(0.0000)
工具变量 t 值(P 值)					21.3321	19.5470
					(0.0000)	(0.0000)
常数项	控制	控制	控制	控制	控制	控制
年份效应	控制	控制	控制	控制	控制	控制
地域效应	控制	控制	控制	控制	控制	控制
Pseudo R^2	0.3747	0.2389				
LR 统计量	16978.47***	15996.43***				
观测值	180479	180479	180479	180479	180479	180479

注：*** $p<0.01$，** $p<0.05$，* $p<0.1$。

但是注意到将不同规模、期限的订单混合在一起会引起异方差问题，所以必须对模型（6.14）进行异方差检验，第（3）列和第（4）列采用 hetLogit 模型进行检验，Wald 统计量分别为 457.46 和 1570.10，说明的确存在异方差问题。回归结果与第（1）列和第（2）列略有差异但基本结论不变。

考虑到模型（6.14）可能存在遗漏变量所导致的内生性问题，本书借鉴尹志超等（2014）的做法，选取借款人所在省份相同年份相同收入水平的其他借款人的平均汽车拥有量作为工具变量，进行两阶段 ivLogit 估计，结果如第（5）列和第（6）列所示。第（5）列中 Wald 内生性检验统计量为 80.47，在 1% 水平上显著，说明的确存在内生性问题。一阶段 F 值 1908 远远大于临界值，工具变量 t 值为 21.3321，说明工具变量与硬信息加总指标 *H* 具有较强的相关性；工具变量与内生解释变量个数相等，说明不存在过度识别问题。硬信息加总指标（*H*）、历史借款成功率（*HBS*）分别为 0.3987 和 3.6828，比第（1）列有明显提高，说明遗漏变量的内生性问题使借款人硬信息和历史借款成功率对借款成功率的影响被严重低估；两者的交互项为 -0.6991，说明两者之间的相互影响存在非对称性，即声誉低的借款人的硬信息对其借款成功率影响更大，而声誉较高的人的硬信息对其借款成功率影响较小。第（6）列中的内生性检验和工具变量检验同样显著，硬信息加总变量（*H*）和借款还清率（*Payoff*）的边际影响比第（2）列也有明显提高，交互项的边际效应为 -0.4150，软硬信息之间的替代效应依然存在。

从控制订单变量的边际效应来看，借款利率的边际效应显著为正，但二次项系数显著为负，说明利率对借款成功率的影响呈现倒“U”形。借贷金额的边际效应显著为负，说明投资者更加青睐小额订单。借款期限的边际效应在不同的模型中结果并不一致，并且显著性也不明显，说明借款期限对结论款成功率的影响并不大，这可能是因为人人贷开设了债转系统所致。因为投资者可以在借款没有到期之前将所投资的订单转让出去，所以投资者在投标时可能并不太关注订单的期限。

（2）借款人声誉对借贷金额的影响。

利用 Tobit 模型对式（6.15）进行估计，结果如表 6.11 中第（1）列和第（2）列所示。借款人的硬信息加总指标（*H*）对借款金额有非常显著的影响，边际效应分别为 0.4261 和 0.6283，说明充足的硬信息的确可以提升借款人的融资能力，使其获得更多的资金支持。历史借款成功率（*HBS*）和借款还清率（*Payoff*）的边际效应分别为 60.9037 和 51.0174，说明借款人良好的声誉可以使其在网络借贷市场上获得更多资金的青睐，而投资者在投标时非常关注借款人的声誉，愿意为良好声誉的借款人投入更多资金，所以借款人声誉成为显示借款人信用等级的显性信号，有助于网络借贷市场上资金的优化配置。硬信息加总指标与借款人声誉变量的交互项分别为 -0.7628 和 -0.4303，意味着软硬信息之间的替代效应同样存在，为了获得更多的资金支持，缺乏硬信息的借款人更应该努力培育和提升自身的声誉，软信息水平的提升能起到更为明显的效果；对于不缺乏硬信息的借款人来说，声誉等软信息变量的作用相对较弱。

表 6.11　借款人声誉对借款金额的影响

被解释变量	借款金额（LogAmount）			
	Tobit		ivTobit	
	(1)	(2)	(3)	(4)
H	0.4261*** (36.9865)	0.6283*** (47.1028)	0.2030*** (6.9957)	0.4622*** (13.5717)
HBS	60.9037*** (61.5193)		51.0174*** (31.7755)	
H×*HBS*	-0.7628*** (-23.4389)		-0.4303*** (-7.4961)	
Payoff		41.3288*** (48.8532)		37.3773*** (29.7544)
H×*Payoff*		-0.8484*** (-29.0195)		-0.6861*** (-13.0562)
Interest	-1.0082*** (26.1366)	-1.6341*** (-32.1040)	-1.1277*** (-25.0507)	-1.6483*** (-30.9734)
Term	-0.2541*** (-19.4369)	-0.3943*** (-29.9312)	-0.2472*** (-16.9166)	-0.3890*** (-27.5434)
Wald 内生性检验（P 值）			69.7400 (0.0000)	29.5400 (0.0000)
一阶段 F 值（P 值）			1844.32 (0.0000)	2011.47 (0.0000)
工具变量 t 值（P 值）			29.1147 (0.0000)	25.1007 (0.0000)
常数项	控制	控制	控制	控制

续表

被解释变量	借款金额（LogAmount）			
	Tobit		ivTobit	
	（1）	（2）	（3）	（4）
年份效应	控制	控制	控制	控制
地域效应	控制	控制	控制	控制
Pseudo R^2	0.1629	0.1014		
观测值	180479	180479	180479	180479

注：*** $p<0.01$，** $p<0.05$，* $p<0.1$。

同样，为了解决遗漏变量所带来的内生性问题，选取与借款人同省份同年份同收入水平的借款人的平均汽车拥有量作为工具变量，进行两阶段 ivLogit 估计，结果如第（3）列和第（4）列所示。第（3）列中 Wald 内生性检验的统计量为 69.74，在 1% 水平上拒绝硬信息不存在内生性的假设，所以第（1）列的结果存在偏误并且不一致。一阶段的 F 值为 1844.32，远高于检验 10% 水平上的临界值，说明不存在弱工具变量问题；工具变量 t 检验值为 29.1147，说明工具变量与内生性解释变量具备较强的相关性；工具变量与内生解释变量数量一致，不存在过度识别问题。硬信息加总变量（*H*）的边际效应为 0.2030，在 1% 水平上显著，比第（1）列中的 0.4261 大幅下降，说明遗漏变量所导致的内生性问题使借款人硬信息对借贷金额的影响被高估了。历史借款成功率（*HBS*）反映了借贷双方长期形成的关系，对借贷金额的边际效应为 51.0174，也比第（1）列中的 60.9037 略微下降；交互项的边际效应在 1% 水平上显著为 -0.4303，也说明在对借贷金额的影响上，借款人软硬信息之间存在明显的替代效应。第（4）列 Wald 内生性检验统计量为 29.54、一阶段估计的 F 值、工具变量 t 值及工具变量个数均说明工具变量的合理性。内生性问题同样导致硬信息对借款人融资能力的影响被高估，借款还清率（*Payoff*）作为平台对借款人的监督机制，反映了借款人贷后发生道德风险的概率，声誉机制使借贷双方以长期的共同利益代替短期利益，有助于降低借款人的短期投机行为，增加借贷双方的合作行为，让其有按期如约还款的激励；良好的声誉增强了借款人的讨价还价能力，有助于长尾群体提升自身的融资能力，以获得更多的借贷资金。借款还清率的边际效应为 37.3773，在 1% 水平上显著；其与硬信息加总指标（*H*）的交互项的边际效应为 -0.6861，表明两者之间在对近代金额的影响上也存在明显的替代效应，收到硬信息约束的借款人更应该注重和珍惜长期履约所积累的良好声誉，这是吸引投资者资金青睐的关键变量。

从订单变量对借贷金额的影响来看，借贷利率对近代金额的影响显著为负，再次说明人人贷平台上的投资者在投资决策上并非完全“近视”地去追求高收益订单，能够意识到高收益订单背后所隐藏的高风险，投资者有非常理性的选择。借贷期限的边际效应显著为负，期限越长的订单所得到的资金投标越少，也说明人人贷平台上的投资者更偏爱短期订单，进一步说明平台上借贷双方的长期信任关系还不稳固，投资者短期投机行为比较明显。

（3）借款人声誉对借贷利率的影响。

利用 OLS 模型对式（6.16）进行估计，结果如表 6.12 中第（1）列和第（2）列所示。借款人的硬信息加总指标（*H*）是借款人资本实力和还款能力的保障，一方面能够有效揭示借款人违约风险，降低信息不对称程度以及投资者的搜寻成本；另一方面充足的硬信息作为一种虚拟抵押品降低了借款人的道德风险，从而降低了借款成本。硬信息加总指标（*H*）对借款利率的回归系数分别为 -0.0910 和 -0.1008，并且在 1% 水平上显著为负，证实了理论分析的结论，即借款人硬信息越充分，其借款利率越低。借款人声誉作为重复借贷积累的软信息，是借款人与平台和投资者三方之间长期交易中形成的关系体现，是对借款人还款意愿的准确预测，有助于降低借贷双方的谈判成本；同时还可以作为无形资产，降低融资成本。历史借款成功率（*HBS*）和借款还清率（Payoff）的系数分别为 -0.091 和 -0.1008，但后者并不显著，说明借款人良好的借款记录可以降低借款利率，但借款还清率并未能显著影响借款成本。回归模型 DWH 统计量分别为 2.3400 和 1.8030，均未拒绝内生性原假设，所以模型并不存在内生性问题。

订单变量作为控制变量，借贷期限的系数显著为正，说明期限更长的订单利率更高，期限短的订单利率较低；但订单金额对利率并无显著影响，原因依然可能是人人贷开设的债转系统所导致。

表 6.12 借款人声誉对借款利率的影响

被解释变量	借款利率（*Interest*）	
	（1）	（2）
H	-0.0910*** （-4.5109）	-0.1008*** （-4.9731）
HBS	-0.2706*** （-6.5918）	
Payoff		-0.0031 （-0.0907）
Log（*Amount*）	-0.0178 （-0.6478）	-0.0204 （-0.7431）
Term	0.0922*** （42.4125）	0.0954*** （44.7064）
DWH 检验（P 值）	2.3400 （0.1261）	1.8030 （-0.1793）
常数项	控制	控制
年份效应	控制	控制
地域效应	控制	控制
Pseudo R^2	0.2660	0.2575
观测值	9235	9235

（4）借款人声誉对贷后违约率的影响。

要研究借款的违约率必须要保证所有订单全部到期，所以缩短研究时间期限从 2013 年 11 月到 2014 年 11 月，仅保留借款期限在 24 个月以内的订单，到 2016 年 12 月所有订单都已到期，其中坏账 559 条，如约还清借款 3814 条，共计 4373 条记录。

对模型（6.17）的检验过程与模型（6.14）类似，先用 Logit 模型进行估计，在考虑异方差和内生性问题，结果如表 6.13 中第（1）列和第（2）列所示。硬信息加总指标（*H*）的边际效应依次为 -0.0028 和 -0.0034，说明硬信息对贷后违约率有显著的负向影响，即硬信息加总指标每提高1%，贷后违约率将分别下降0.28%和0.34%。从贷后来看，若历史借贷成功率（*HBS*）与贷后违约率负相关，说明披露借款人软信息有助于抑制信息扭曲、提高市场的信息透明度，而长期隐性契约利用程度的提高，使借贷平台有激励生产并传递借款人的软信息，由此可降低交易成本。历史借贷成功率（*HBS*）对贷后违约率的边际影响为-0.1656，在1%水平上显著为负，历史借贷成功率（*HBS*）每增加1%，贷后违约率下降0.17%。作为借贷平台对借款人的监督机制，历史如约还清借款比率（*Payoff*）为重复借贷所形成的借款人声誉，声誉的监督机制和约束激励机制能有效增加借款人的合作行为、抑制借款人的短期投机行为，使借款人有如约还清借款的动机，即降低投资者的监督成本以及借款人贷后的违约率。历史如约还清借款比率（*Payoff*）的边际效应为-0.0323，在1%水平上显著为负，即历史如约还清借款比率（*Payoff*）每增加1%，本次借款贷后的违约率下降0.03%。从实证结果上看，借款人声誉具有惯性，可作为投资者预测借款人违约风险的重要指标；网络借贷平台披露借款人的声誉信息，行使了投资者对借款人的监督机制，以及促使投资者“用脚投票”，声誉的惩罚机制加强了借款人按时还清借款的动机，由此降低了交易成本。第（1）列和第（2）列的伪 R^2 分别为0.1270和0.0913，LR统计量依次为345.4600和288.5600，均在1%水平上显著，意味着整体回归模型中除常数项外所有其他系数的联合显著性较高。

第（3）列和第（4）列在第（1）列和第（2）列的基础上，考虑了Logit模型的异方差问题。Wald异方差检验的统计量依次为10.2600和2.7300，均拒绝同方差的原假设，说明采用hetLogit估计是合理的。硬信息加总指标（*H*）的边际影响分别为-0.0029和-0.0035，历史借款成功率（*HBS*）、历史如约还清借款比率（*Payoff*）的边际效应分别为-0.1819和-0.0393，系数与显著性水平和第（1）列和第（2）列类似，说明结论具备稳健性。同时考虑到硬信息加总变量可能因为遗漏变量导致内生性问题，Wald内生性检验的统计量依次为1.9800和1.4700，均未在10%水平上拒绝原假设，即修正后信用得分可能存在内生性问题。

表 6.13 借款人声誉对贷后违约率的影响

被解释变量	贷后违约率（Default）			
	Logit		hetLogit	
	(1)	(2)	(3)	(4)
H	−0.0028*** (−3.5093)	−0.0034*** (−4.2012)	−0.0029*** (−3.6756)	−0.0035*** (−4.3231)
HBS	−0.1656*** (−10.0514)		−0.1819*** (−10.1352)	
Payoff		−0.0323*** (−3.0093)		−0.0393*** (−3.3689)
Interest	0.0088*** (4.0023)	0.0096*** (4.2458)	0.0073*** (3.4175)	0.0088*** (3.9570)
Log（*Amount*）	0.0244*** (3.2822)	0.0168*** (2.3520)	−0.0187 (−1.4877)	−0.0069 (−0.4922)
Term	0.0069*** (8.5207)	0.0090*** (11.3461)	0.0070*** (8.6920)	0.0090*** (11.4601)
Wald 异方差检验（P 值）			10.2600 (0.0014)	2.7300 (0.0986)
Wald 内生性检验（P 值）	1.9800 (0.1592)	1.4700 (0.2247)		
常数项	控制	控制	控制	控制
地域效应	控制	控制	控制	控制
Pseudo R^2	0.1270	0.0913		
LR 统计量	345.4600	288.5600		
观测值	4373	4373	4373	4373

注：***p<0.01，**p<0.05，*p<0.1。

从第（3）列和第（4）列控制变量的系数上看，借贷利率与贷后违约率正相关，利率设定得越高，订单的违约风险越大，因此投资者在做出投资决策时，需慎重权衡借款订单的收益与风险。借贷金额对贷后违约率的边际作用分别为−0.0187和−0.0069，均未显著；借贷期限的边际效应依次为0.0070和0.0090，均在1%水平上显著，说明借款期限越长，借款人贷后如约还款的不确定性越大。

6.5 本章小结

通过构建回归模型用多重方法对 Prosper 和人人贷平台的信用评分、信用评级进行研究，验证了第 5 章的结论：借款人软信息的确对网络借贷平台的信用风险评估至关重要，尤其对硬信息不足的借款人，软信息的替代效应非常明显。在与平台和投资者长期的交易中形成的声誉，可以作为无形资产，在提高借款成功率、提高借款额度、降低借款成本方面有着非常显著的作用。所以，对于大部分处于“长尾”中的借款人来说，在硬信息约束下可以从软信息积累入手，逐渐提升自己在社交网络上的软信息积累，从而成功实现低成本融资。

7 结论与展望

7.1 结论

本书综合运用博弈论、信息经济学、金融学等多学科交叉的理论与方法，从不同视角对金融科技平台的典型代表——网络借贷平台中的风险定价问题进行了深入剖析。首先，将网络借贷的风险定价过程分解为风险识别、风险评估、信用评级、贷款定价和利率形成机制等环节，进而搭建起集信号传递与信息甄别模型、风险评估模型、信用评级方法、资产定价理论、博弈论、价格机制理论为一体的综合理论分析框架。其次，主要对网络借贷市场上价格如何形成（利率形成机制问题）、网络借贷中如何将不同风险等级的借款人进行有效区分并精确评估（风险识别、评估与信用评级问题）、对不同信用等级的借款人利率如何进行匹配（利率定价问题）这三大问题进行了详尽研究。

本书的研究结论主要有以下三点：

第一，在利率竞价过程中，借款人、投资者和平台的出价顺序对最终结果有直接影响，与拍卖竞价和借款人定价相比，平台定价法虽然得出的均衡利率最高，但成交概率最大，可以有效促进交易效率的提升。本书将借款人、投资者和借贷平台纳入统一的三方博弈框架，分析各参与方在参与约束和激励相容约束条件下的最优策略，从而得到均衡结果。然后改变参与方在竞价中的行动顺序和规则，对比分析拍卖竞价、借款人定价和平台定价机制下均衡结果的差异。在实践中，将 Prosper 和人人贷平台转变利率形成机制作为事件因素，独创性地运用倾向得分匹配法对博弈结果进行实证分析，验证了平台定价机制在促进交易达成、提高交易效率上的独特优势。

第二，软信息可作为关键信号来传递借款人的风险特征，从而实现对借款人的风险识别和市场的分离均衡；而借贷平台作为信息中介在风险定价中发挥着主导性作用。运用信息经济学，从理论上揭示了软信息和借贷平台在风险定价中的关键作用。之前的相关文献大多以借款人所投资的项目成功概率随机分布为前提假设来分析软信息在借贷中的作用，但本书指出网络借贷中大多数借款目的消费而非投资，这些研究的前提假设存在根本性错误。本书首次从信息经济学的视角，独创性地运用信号传递模型来分析网络借贷中的风险定价问题，发现了借款人软信息在风险识别中独特的作用机理；进一步运用信息甄别理论，发现平台可以通过贷款合约中信用等级和利率的组合设计来实现市场的分离均衡，证明了平台在利率定价中的主导地位，为平台定价法提供了新的理论依据。

第三，运用实证分析法，发现了借款人软信息的替代效应和其对交易结果的显著影响。在实证分析中，本书引入工具变量，运用 Logit、Tobit 等模型对借款人软信息的具体影响和影响机理做了详尽分析；采用混淆矩阵和 ROC 曲线对 Prosper 和人人贷平台的信用评级效率做了对比检验，证明了基于软信息的信用评级的确可以在利率定价中发挥更重要的作用。对于受到硬信息约束的“长尾”借款人群体，软信息对硬信息具有非常明显的替代效应，尤其是投资者在长期交易中形成的声誉，可以作为无形资产，在提高借款成功率、提高借款额度、降低借款成本等方面发挥显著作用。

7.2 展望

随着我国金融科技的稳定发展，理论研究也必将聚焦于其风险定价问题。虽然相关研究尚处于初期阶段，尚未形成完整的理论框架体系，也没有成熟的方法体系可供借鉴，又限于行业发展实践中的市场波动与政策变化，本书的研究虽然明确了网络借贷中的核心问题与逻辑主线，也揭示了软信息的关键作用，但由于我国的信息共享机制薄弱，在现实中无法进行大规模推广和检验。但计算机及信息技术的快速发展为问题的解决提供了新的思路和方法，新技术在网络借贷中的应用必将越来越广泛，成为金融科技行业未来发展的新方向。

7.2.1 大数据技术在风险评估和信用评级中的应用

已有研究表明，网络借贷平台的信用评级制度在交易中起着非常关键的作用，一方面可以揭示借款人的信用风险，另一方面可以为投资者的投资决策提供重要依据。虽然网络借贷信用风险与传统借贷信用风险在本质上相同，但在技术特征和信息特征上却有着明显不同，而网络借贷独特的运营模式也使其在信用评级方面必须依托于互联网信息技术的发展，因此网络借贷无论在特征指标的选取、判别模型的建立以及模型有效性的判定方面都与传统信用风险评估系统具有一定的差异。如何合理利用互联网平台进行借款人有价值信用信息的挖掘，加强信用评级对于借款人行为的有效约束，并通过大数据处理技术对信息进行有效储存和分析，从而构建符合网络借贷技术特征的信用风险评估模型，对于拓展信用风险评估理论和实践，促进网络借贷健康发展具有重要价值。网络借贷行业发展对信息技术的进步和应用严重依赖，必须掌握大数据、云计算、区块链等前沿技术并在业务中加以利用，利用这些技术改造和创新风险识别、评估、信用评级和贷款定价的全过程，才能全面提高平台运营效率，节省运营成本。目前，网络借贷的理论研究和实践应用都亟待金融与科技的深度融合，这种专业交叉背景和复合应用能力对从业者和学者们提出了严峻挑战。

7.2.2 机器学习、人工智能技术在投资组合中的应用

因为网络借贷中的借款人不需要抵押和担保，属于典型的信用借贷，所以投资者面临的违约风险比较突出。几乎所有的网络借贷平台也都针对投资人做了风险提示，并制定了相应的防范措施，比如分散投资指引或者投资组合推荐，如人人贷规定只要投资者对单一标的投资不超过上限，如果借款人违约，平台将会承担违约风险。通过分散投资来规避借款人违约风险已经成为网络借贷投资人的惯用策略，但是到目前为止，分散投资的决策（如何选择标的、选择多少标的、分配比例如何确定）还主要依靠投资者人为来决定，这些决策受到投资者自身专业能力的限制，于是部分投资者极易受到高息标的的诱惑而忽视内在风险进行集中投资，违背了网络借贷分散投资的基本原则。随着大数据、机器学习、人工智能等技术的革新与应用，国外一些网络借贷平台率先引入智能投资组合推荐系统，通过过滤器技术对投资项目进行筛选排序，然后构造投资组合，实现收益与风险的最优匹配。随着我国网络借贷行业监管制度的健全和规范，网络借贷平台加快向纯信息中介机构转变，而构建智能投资组合系统将成为平台核心竞争力的体现。一方面，可以利用软信息来刻画借款标的风险；另一方面，可以利用机器学习对投资组合进行优化，能够充分体现网络借贷的本质特征、信息特征和技术特征。

7.2.3 金融科技平台的信息披露、交易和共享机制

国家政策对网络借贷平台作为信息中介本质的界定，所引发的关于信息在网络借贷中所发挥的作用的探索逐渐增多，也得出了相对一致的结论，即网络借贷平台健康发展的关键在于要有效利用信息工具，充分发挥平台信息中介的功能定位，降低平台两端的信息不对称性。在目前网络借贷行业发展乱象和互联网金融创新要求的双重约束下，充分信息披露成为网络借贷企业规范发展的重中之重。由于投资者在三方博弈中处于最不利地位，是信息不对称带来风险

的最大受害者，也是最需要保护的群体。因此，要加强对借款人和平台的信息披露制度建设。及时、准确、充分的信息披露，不仅可以抑制市场价格扭曲、充分发挥利率在资金配置中的决定性作用，更有利于网络借贷行业健康持续发展。尤其是对借款人软信息的征集与共享，以及对平台运营及财务信息的披露，更应该成为信息披露的重点。随着网络借贷市场中信息透明度的不断提高，探索如何通过制度安排和机制设计以打破信息“孤岛效应”，在利益共享、风险共担的框架下逐步实现政府、行业与企业之间的信息共享，将成为行业持续发展的必由之路。

金融科技的产生与发展是技术进步、组织变革、市场变化、制度改革共同作用的结果，虽然我国目前的网络借贷政策处于严管期，但技术进步与市场需求是网络借贷持续发展的永久动力，度过当前的政策管制期，网络借贷必然能在金融市场上占据一席之地，在普惠金融中发挥更大的作用。

参考文献

[1] Arner D, Barberis J, Buckley R. The Evolution of FinTech: A New Post – Crisis Paradigm? [J]. Social Science Electronic Publishing, 2015, 47 (4): 1271 – 1319.

[2] Barasinska N, Schaefer D. Does Gender Affect Funding Success at the Peer – to – Peer Credit Markets? Evidence from the Largest German Lending Platform [J]. Social Science Electronic Publishing, 2010, 37 (113): 107 – 116.

[3] Berger A N, Udell G F. Small Business Credit Availability and Relationship Lending: The Importance of Bank Organisational Structure [J]. Economic Journal, 2002, 112 (477): 32.

[4] Berlin M, Mester L J. Intermediation and Vertical Integration (Comparative Financial Systems) [R]. Working Papers, 1998.

[5] Buchak G, Matvos G, Piskorski T, et al. Fintech, Regulatory Arbitrage, and the Rise of Shadow Banks [R]. Social Science Electronic Publishing, 2017.

[6] Ceyhan S, Shi X, Leskovec J. Dynamics of Bidding in a P2P Lending Service: Effects of Herding and Predicting Loan Success [C]. International Conference on World Wide Web. ACM, 2011: 547 – 556.

[7] Chen D, Hao L, Xu H. Gender Discrimination Towards Borrowers in Online P2P Lending [C]. The Twelfth Wuhan International Conference on E – business, 2013.

[8] Chen N, Ghosh A, Lambert N S. Auctions for Social Lending: A Theoretical Analysis [J]. Games & Economic Behavior, 2014 (86): 367 – 391.

[9] Chen X, Zhou L, Wan D. Group Social Capital and Lending Outcomes in the Financial Credit Market [M]. Amsterdam: Elsevier Science Publishers, 2016.

[10] Collier B C, Hampshire R. Sending Mixed Signals: Multilevel Reputation Effects in Peer – to – Peer Lending Markets [C]. ACM Conference on Computer Supported Cooperative Work, 2010: 197 – 206.

[11] Demertzis M, Merler S, Wolff G B. Capital Markets Union and the Fintech Opportunity [R]. Policy Contributions, 2017.

[12] Dorfleitner G, Hornuf L, Schmitt M, et al. The Fintech Market in Germany [R]. Springer International Publishing, 2017.

[13] Duarte J, Siegel S, Young L. Trust and Credit: The Role of Appearance in Peer – to – Peer Lending [J]. Review of Financial Studies, 2012, 25 (8): 2455 – 2483.

[14] Everett C R. Group Membership, Relationship Banking and Loan Default Risk: The Case of Online Social Lending [J]. Social Science Electronic Publishing, 2015, 7 (2): 15 – 54.

[15] Freedman S, Jin G Z. Do Social Networks Solve Information Problems for Peer – to – Peer Lending? Evidence from Prosper. com [R]. Working Papers 08 – 43, NET Institute, 2008.

[16] Freedman S, Jin G Z. The Information Value of Online Social Networks: Lessons from Peer – to – Peer Lending [J]. International Journal of Industrial Organization, 2017 (51): 185 – 222.

[17] Gabor D, Brooks S. The Digital Revolution in Financial Inclusion: International Development in the Fintech Era [J]. New Political Economy, 2017, 22 (4): 1 – 14.

[18] Galloway I. Peer – to – peer Lending and Community Development Finance [R]. Community Development Investment Center Working Paper, 2009

(Win): 19 – 23, 39.

[19] Ghatak M, Guinnane T W. The Economics of Lending with Joint Liability: Theory and Practice 1 [J]. Papers, 1998, 60 (1): 195 – 228.

[20] Greiner M E, Wang H. The Role of Social Capital in People – to – People Lending Marketplaces [C]. Phoenix: International Conference on Information Systems, 2009: 29.

[21] Haddad C, Hornuf L. The Emergence of the Global Fintech Market: Economic and Technological Determinants [J]. SSRN Electronic Journal, 2016: 1 – 25.

[22] Herrero – Lopez S. Social Interactions in P2P Lending [C]. The Workshop on Social Network Mining & Analysis, DBLP, 2009: 1 – 8.

[23] Herzenstein M, Andrews R L. The Emocratization of Personal Consumer Loans? Determinants of Success in Online Peer – to – Peer Loan Auctions [J]. Bulletin of the University of Delaware, 2008, 15 (3): 274 – 277.

[24] Impavido G. Credit Rationing, Group Lending and Optimal Group Size [J]. Annals of Public & Cooperative Economics, 2015, 69 (2): 243 – 260.

[25] Iyer R, Khwaja A I, Luttmer E F P, et al. Screening in New Credit Markets: Can Individual Lenders Infer Borrower Creditworthiness in Peer – to – Peer Lending? [J]. SSRN Electronic Journal, 2009, 15242 (rwp09 – 031).

[26] Jagtiani J, Lemieux C. Do Fintech Lenders Penetrate Areas That are Underserved by Traditional Banks? [J]. Journal of Economics and Business, 2018 (100): 43 – 54.

[27] Klafft M. Peer to Peer Lending: Auctioning Microcredits over the Internet [J]. Social Science Electronic Publishing, 2009, 21 (3): 37 – 46.

[28] Li S M, Qiu J X, Lin Z X, Qiu J S. Do Borrowers Make Homogeneous Decisions in Online P2P Lending Market? An Empirical Study of PPDai in China [C]. 2011 8th International Conference on Service Systems and Service Management (ICSSSM), 2011.

[29] Lin M, Prabhala N R, Viswanathan S. Can Social Networks Help Mitigate Information Asymmetry in Online Markets? [R]. Icis Proceedings, 2009: 202.

[30] Lin M, Prabhala R, Viswanathan S. Judging Borrowers by the Company They Keep: Social Networks and Adverse Selection in Online Peer – to – Peer Lending [M]. Catonsville: INFORMS, 2013.

[31] Luo B, Lin Z. A Decision Tree Model for Herd Behavior and Empirical Evidence from the Online P2P Lending Market [M]. New York: Springer Verlag, 2013.

[32] Magee J R. Peer – to – Peer Lending in the United States: Surviving after Dodd – Frank [R]. North Carolina Banking Institute, 2011.

[33] Malekipirbazari M, Aksakalli V. Risk Assessment in Social Lending via Random Forests [M]. Oxford: Pergamon Press Inc., 2015.

[34] Okten C, Osili U O. Social Networks and Credit Access in Indonesia [J]. World Development, 2004, 32 (7): 1225 – 1246.

[35] Philippon T. The FinTech Opportunity [R]. NBER Working Papers, 2016.

[36] Pope D G, Sydnor J R. What's in a Picture? Evidence of Discrimination from Prosper. com [J]. Journal of Human Resources, 2011, 46 (1): 53 – 92.

[37] Puro L, Teich J E, Wallenius H, et al. Borrower Decision Aid for People – to – people Lending [J]. Decision Support Systems, 2010, 49 (1): 52 – 60.

[38] Rosenbaum P R, Rubin D B. Reducing Bias in Observational Studies Using Subclassification on the Propensity Score [J]. Publications of the American Statistical Association, 1984, 79 (387): 516 – 524.

[39] Rysman M. The Economics of Two – Sided Markets What Defines a Two – Sided Market? [J]. Journal of Economic Perspeetives, 2009 (23): 125 – 143.

[40] Shim Y, Shin D H. Analyzing China's Fintech Industry from the Perspective of Actor – Network Theory [J]. Telecommunications Policy, 2015, 40

(2－3)：168－181.

[41] Spence M. Job Market Signaling [J]. Quarterly Journal of Economics, 1973, 87 (3): 355－374.

[42] Stiglitz J E, Weiss A. Credit Rationing in Markets with Imperfect Information [J]. American Economic Review, 1981, 71 (3): 393－410.

[43] Vedala R, Kumar B R. An Application of Naive Bayes Classification for Credit Scoring in E－lending Platform [C]. International Conference on Data Science & Engineering, IEEE, 2012: 81－84.

[44] Wang H, Greiner M E. Herding in Multi－winner Auctions [C]. International Conference on Information Systems, 2010: 235.

[45] Wei Z, Lin M. Market Mechanisms in Online Peer－to－Peer Lending [J]. Management Science, 2016 (9): 1－22.

[46] Xu Y, Qiu J, Lin Z. How Does Social Capital Influence Online P2P Lending? A Cross－Country Analysis [C]. International Conference on Management of E－Commerce & E－Government, IEEE, 2011: 238－245.

[47] Zetzsche D, Buckley R, Arner D, et al. From FinTech to TechFin: The Regulatory Challenges of Data－Driven Finance [R]. SSRN Electronic Journal, 2017.

[48] Zhang J, Liu P. Rational Herding in Microloan Markets [M]. Catonsville: INFORMS, 2012.

[49] Zhao H, Liu Q, Wang G, et al. Portfolio Selections in P2P Lending: A Multi－Objective Perspective [C]. ACM SIGKDD International Conference on Knowledge Discovery and Data Mining, 2016: 2075－2084.

[50] Zhao H, Wu L, Liu Q, et al. Investment Recommendation in P2P Lending: A Portfolio Perspective with Risk Management [C]. IEEE International Conference on Data Mining, 2015: 1109－1114.

[51] 艾洪德，蔡志刚．个人信用制度：借鉴与完善［J］．金融研究，2001 (3): 106－115.

［52］北京大学数字金融研究中心课题组．网络借贷风险缓释机制研究［J］．新金融评论，2018（4）：90－120.

［53］陈诚．《网络借贷资金存管业务指引》对P2P借贷的影响及解决策略研究［J］．中国市场，2018（31）：47－48.

［54］陈冬宇，李伟军，彭中礼．网络借贷引入第三方个人征信的必要性探讨［J］．征信，2012（1）：41－44.

［55］陈冬宇，郑海超．我国P2P网贷市场的羊群行为及其决策理性研究［J］．管理评论，2017，29（1）：3－11.

［56］陈冬宇．基于社会认知理论的P2P网络放贷交易信任研究［J］．南开管理评论，2014，17（3）：40－48.

［57］陈虹，马永健．P2P网贷行业利率定价模式研究［J］．当代财经，2016（5）：45－56.

［58］陈静俊．P2P网络借贷：金融创新中的问题和对策研究［J］．科技信息，2011（13）：812－812.

［59］陈霄，丁晓裕，王贝芬．民间借贷逾期行为研究——基于P2P网络借贷的实证分析［J］．金融论坛，2013（11）：65－72.

［60］陈霄，叶德珠，邓洁．借款描述的可读性能够提高网络借款成功率吗［J］．中国工业经济，2018（3）：174－192.

［61］陈霄，叶德珠．中国P2P网络借贷利率波动研究［J］．国际金融研究，2016，345（1）：83－96.

［62］陈霄，叶德珠．中国互联网金融中的性别歧视研究［J］．金融评论，2016（2）：1－15.

［63］陈卓，蒋炜．P2P平台贷款决策研究——利用收益评分取代违约概率评分［J］．上海管理科学，2018，40（5）：16－19.

［64］陈宗义．英美成熟P2P商业平台运营模式特征解析及启示［J］．商业经济与管理，2017（1）：73－84.

［65］程翔，王曼怡，华郡珂．基于空间视角的中国P2P网贷行业发展研究［J］．经济与管理研究，2018（11）：118－130.

［66］程瑶．我国 P2P 借贷市场有效性实证研究［J］．经济体制改革，2018（2）：137－144.

［67］程瑶．学历水平在借贷市场上的作用——来自 P2P 市场的经验证据［J］．上海金融，2018（2）：48－55.

［68］崔婷，刘家麒．网络借贷利率影响因素的实证分析［J］．统计与决策，2018，34（2）：164－167.

［69］窦新华，孟鑫泊，周方召．P2P 网络借贷中的“性别歧视”——来自人人贷数据的经验研究［J］．软科学，2018（8）：121－124.

［70］傅彦铭，臧敦刚，戚名钰．P2P 网络贷款信用的风险评估［J］．统计与决策，2014（21）：162－165.

［71］高铭，江嘉骏，陈佳．谁说女子不如儿郎？——P2P 投资行为与过度自信［J］．金融研究，2017（11）：96－111.

［72］顾慧莹，姚铮．P2P 网络借贷平台中借款人违约风险影响因素研究——以 WDW 为例［J］．上海经济研究，2015（11）：37－46.

［73］郭海凤，陈霄．P2P 网贷平台综合竞争力评价研究［J］．金融论坛，2015，20（2）：12－23.

［74］郭娜．政府？市场？谁更有效——中小企业融资难解决机制有效性研究［J］．金融研究，2013（3）：194－206.

［75］郭晓云，吴永红．基于支持向量机的 P2P 网络借贷投资决策分析［J］．中国科技论文，2017，12（5）：542－547.

［76］郭艳红，刘苇，雒春雨．在线网络借贷投资决策模型及实证研究［J］．运筹与管理，2016，25（2）：214－219.

［77］何启志，彭明生．基于互联网金融的网贷利率特征研究［J］．金融研究，2016（10）：95－110.

［78］贺达．基于 VAR 模型 P2P 网络借贷与传统金融市场之间的动态变化［J］．北京理工大学学报（社会科学版），2018，20（5）：82－89.

［79］胡金焱，宋唯实．网络借贷中羊群效应的存在性、驱动机制与投资者投资效率［J］．经济理论与经济管理，2018（3）：57－71.

［80］贾丽平，邵利敏．P2P网络借贷的监管边界：理论探讨与中国的检验［J］．经济社会体制比较，2015（3）：175－184.

［81］贾希凌，马秋萍．P2P网贷平台的主要风险及防范策略［J］．上海商学院学报，2014，15（2）：23－29.

［82］姜岩．P2P网络信贷中借款人的信用风险评估研究［D］．南京：南京理工大学硕士学位论文，2014.

［83］蒋彧，施一舟．P2P网络借贷中的婚姻歧视现象——基于“人人贷”的经验数据［J］．财经论丛，2017（9）：45－55.

［84］蒋彧，周安琪．P2P网络借贷中存在地域歧视吗？——来自“人人贷”的经验数据［J］．中央财经大学学报，2016（9）：29－39.

［85］黎伟，王亚星．互联网金融对货币政策影响的实证研究——基于P2P网贷视角［J］．商业经济研究，2016（7）：157－159.

［86］李安平，林从涛，沈筠．小额贷款公司信用风险识别防控研究——基于江西省33家小额贷款公司样本数据的分析［J］．金融与经济，2015（10）：84－86.

［87］李丹．基于违约概率与违约损失相关的贷款定价［J］．系统管理学报，2015，24（1）：56－62.

［88］李稻葵，刘淳，庞家任．金融基础设施对经济发展的推动作用研究——以我国征信系统为例［J］．金融研究，2016（2）：180－188.

［89］李浩然．P2P网络借贷市场利率风险溢价影响因素研究［D］．绵阳：西南科技大学硕士学位论文，2018.

［90］李建军，王德．中国分离均衡信贷市场的利率定价——搜寻效率与风险因素检验［J］．金融研究，2014（10）：1－14.

［91］李钧．P2P借贷：性质、风险与监管［J］．金融发展评论，2013（3）：35－50.

［92］李鹏．我国P2P网贷平台的本土异化及其治理［J］．经济体制改革，2016（5）：106－112.

［93］李伟．金融科技发展与监管［J］．中国金融，2017（8）：14－16.

［94］李伟．强化监管科技应用　助力金融风险防控［J］．清华金融评论，2019（5）：2.

［95］李文红，蒋则沈．金融科技（FinTech）发展与监管：一个监管者的视角［J］．金融监管研究，2017（3）：1－13.

［96］李昕旸，周愈博，邢恩泉．我国学术界对 P2P 行业的研究：现状、问题与展望［J］．金融发展研究，2017（5）：3－10.

［97］李焰，高弋君，李珍妮．借款人描述性信息对投资人决策的影响——基于 P2P 网络借贷平台的分析［J］．经济研究，2014（1）：143－155.

［98］李悦雷，郭阳，张维．中国 P2P 小额贷款市场借贷成功率影响因素分析［J］．金融研究，2013（7）：126－138.

［99］李真．P2P 网贷信用征信：金融分析与法律建构［J］．当代经济管理，2015，37（7）：85－91.

［100］李政道，任晓聪．区块链对互联网金融的影响探析及未来展望［J］．技术经济与管理研究，2016（10）：75－78.

［101］李志辉，李萌．我国商业银行信用风险识别模型及其实证研究［J］．经济科学，2005（5）：61－71.

［102］李志勇，余湄．网络借贷利率定价研究：基于无套利定价的视角［J］．系统工程理论与实践，2018，38（7）：1698－1705.

［103］梁凌，吴丹．RAROC 贷款风险定价模型及其授信边界［J］．系统工程，2008（7）：59－64.

［104］廖理，吉霖，张伟强．借贷市场能准确识别学历的价值吗？——来自 P2P 平台的经验证据［J］．金融研究，2015（3）：146－159.

［105］廖理，李梦然，王正位．观察中学习：P2P 网络投资中信息传递与羊群行为［J］．清华大学学报（哲学社会科学版），2015（1）：156－165.

［106］廖理，李梦然，王正位．中国互联网金融的地域歧视研究［J］．数量经济技术经济研究，2014（5）：54－70.

［107］廖理，向佳，王正位．网络借贷的角色转换与投资者学习效应［J］．中国工业经济，2018（9）：60－78.

［108］廖岷．全球金融科技监管的现状与未来走向［J］．新金融，2016（10)：12－16.

［109］刘翱，童泽平，邓旭东．基于改进 TOPSIS 法的 P2P 网贷平台运营效率评价［J］．系统科学与数学，2017，37（7)：1620－1632.

［110］刘贵斌，董翠英，孙焱．互联网金融发展对我国货币政策影响研究［J］．华北金融，2016（1)：38－45.

［111］刘绘，沈庆劼．P2P 网络借贷监管的国际经验及对我国的借鉴［J］．河北经贸大学学报，2015（2)：56－61.

［112］刘绘，沈庆劼．我国 P2P 网络借贷的风险与监管研究［J］．财经问题研究，2015（1)：52－59.

［113］刘镜秀，门明．P2P 网络借贷市场对资本市场的风险溢出效应［J］．技术经济，2016，35（11)：97－104.

［114］刘巧莉，温浩宇，Qin H. P2P 网络信贷中投资行为影响因素研究——基于拍拍贷平台交易的证据［J］．管理评论，2017（6)：13－22，52.

［115］刘祥东，王未卿．我国商业银行信用风险识别的多模型比较研究［J］．经济经纬，2015，32（6)：132－137.

［116］刘轶，赵宣，罗春蓉．P2P 网络借贷研究：一个文献综述［J］．金融理论与实践，2015（6)：106－112.

［117］刘莹娟．KMV 模型对我国上市公司信用风险识别能力的有效性研究［D］．成都：西南财经大学硕士学位论文，2011.

［118］刘征驰，赖明勇．虚拟抵押品、软信息约束与 P2P 互联网金融［J］．中国软科学，2015（1)：35－46.

［119］刘征驰，雷淳，周莎．长尾需求下 P2P 网络借贷平台的职责、工具与手段——基于“拍拍贷”的微观借贷证据［J］．软科学，2018，32（10)：119－123.

［120］刘紫薇，孙武军．职业偏见、企业规模与网络借贷成功率——来自人人贷的经验分析［J］．郑州航空工业管理学院学报，2018，36（2)：65－80.

［121］龙海明，邓太杏．基于信用评级的商业银行贷款风险定价模型［J］．湖南大学学报（自然科学版），2007（2）：88－92.

［122］陆岷峰，李琴．从P2P本质特征视角对P2P发展愿景的研究［J］．西部金融，2015（9）：18－21.

［123］罗毅．基于聚类与有序受限Probit模型的P2P风险实证分析［J］．商业经济，2018（10）：164－166.

［124］马理，何梦泽，刘艺．网络借贷的竞标利率形成机制与风险防范研究［J］．人文杂志，2016（3）：35－41.

［125］马理，张卓，张琴．基于轮流出价模型的贷款定价与仿真模拟［J］．中央财经大学学报，2013（10）：25－30.

［126］孟娜娜，粟勤．挤出效应还是鲶鱼效应：金融科技对传统普惠金融影响研究［J］．现代财经（天津财经大学学报），2020，40（1）：56－70.

［127］缪莲英，陈金龙．P2P网络借贷中社会资本对借款者违约风险的影响——以Prosper为例［J］．金融论坛，2014（3）：9－15，66.

［128］莫易娴．P2P网络借贷国内外理论与实践研究文献综述［J］．金融理论与实践，2011（12）：101－104.

［129］莫易娴．互联网时代金融业的发展格局［J］．财经科学，2014（4）：1－10.

［130］南洋，徐鹏．P2P网贷平台的信息验证与借贷效率研究——来自"网贷之家"行业评级数据的实证检验［J］．软科学，2018，32（3）：123－127.

［131］潘敏洁．中国P2P网络借贷有限理性投资行为及决策辅助研究［D］．上海：东华大学硕士学位论文，2015.

［132］庞金波，霍青．网络借贷平台与商业银行贷款信息合作研究——来自交易匹配度的证明［J］．武汉金融，2018（2）：21－26.

［133］彭红枫，徐瑞峰．P2P网络借贷平台的利率定价合理吗？——基于"人人贷"的经验证据［J］．金融论坛，2018，23（9）：61－80.

［134］彭红枫，赵海燕，周洋．借款陈述会影响借款成本和借款成功率

吗？——基于网络借贷陈述的文本分析［J］．金融研究，2016（4）：158－173.

［135］彭倩，秦进．P2P 网络借贷中历史投资经验对投资人决策的影响［J］．金融论坛，2018，23（5）：24－39，80.

［136］皮天雷，刘垚森，吴鸿燕．金融科技：内涵、逻辑与风险监管［J］．财经科学，2018（9）：16－25.

［137］钱金保．货币政策在民间借贷市场有效性研究［J］．南方经济，2015，33（11）：53－69.

［138］钱金叶，杨飞．中国 P2P 网络借贷的发展现状及前景［J］．金融论坛，2012（1）：46－51.

［139］阮素梅，周泽林．基于 L1 惩罚 Logit 模型的 P2P 网络借贷信用违约识别与预测［J］．财贸研究，2018（2）：54－63.

［140］［美］瑞顿·P. Lending Club 简史［M］．第一财经新研究中心译．北京：中国经济出版社，2013.

［141］沈伟雄．国内外 P2P 小额信贷利率定价模式比较研究［J］．南方金融，2015（4）：85－89.

［142］沈玉溪，徐浩．P2P 网贷借款人违约风险评估——基于决策树的研究［J］．经营与管理，2018（9）：13－15.

［143］师应来，张冰洁，姜昊．P2P 网贷平台风险甄别研究［J］．统计与决策，2018，34（16）：153－156.

［144］石澄贤，陈雪交．P2P 网贷个人信用评价指标体系的构建［J］．常州大学学报（社会科学版），2016，17（1）：80－85.

［145］宋鹏程，吴志国．生存之道：P2P 借贷平台的业务模式研究［J］．新金融，2013（11）：59－63.

［146］苏静．软信息与小微企业信用风险识别［J］．征信，2017，35（10）：27－32.

［147］孙国峰，赵大伟．监管科技的挑战与破局［J］．中国金融，2018（21）：19－20.

［148］孙国峰．监管科技重构金融监管软实力［J］．清华金融评论，2018（3）：2.

［149］孙会霞，陈金明，陈运森．银行信贷配置、信用风险定价与企业融资效率［J］．金融研究，2013（11）：55－67.

［150］孙清，汪祖杰．LOGIT 模型在小额农贷信用风险识别中的应用［J］．南京审计学院学报，2006（3）：27－29.

［151］孙武军，刘帆．网络借贷中存在性别和婚姻歧视吗？——来自人人贷的经验分析［J］．产业经济评论（山东大学），2017（1）：120－143.

［152］谭雪晗，涂艳．基于社会网络分析的 P2P 网络借贷行为模式研究［J］．金融发展研究，2016（8）：3－10.

［153］谭袁月．实例模型在投资组合最优化中的应用——基于人人贷平台的实证研究［J］．商业研究，2016（12）：126－131.

［154］唐珺钰．P2P 模式对传统金融业的冲击及其对货币政策传导影响研究［J］．金融科技时代，2015（11）：99－103.

［155］田秀娟，张智颖．P2P 网络借贷职业身份的信贷歧视：基于投资者认知偏差视角［J］．改革，2018（5）：139－150.

［156］王博，张晓玫，卢露．网络借贷是实现普惠金融的有效途径吗——来自“人人贷”的微观借贷证据［J］．中国工业经济，2017（2）：98－116.

［157］王超．金融科技对商业银行资产管理业务的影响［J］．华北金融，2019（12）：51－57.

［158］王欢，郭文．P2P 的风险与监管［J］．中国金融，2014（8）：52－53.

［159］王会娟，何琳．借款描述对 P2P 网络借贷行为影响的实证研究［J］．金融经济学研究，2015（1）：77－85.

［160］王会娟，廖理．中国 P2P 网络借贷平台信用认证机制研究——来自“人人贷”的经验证据［J］．中国工业经济，2014（4）：136－147.

［161］王立勇，石颖．互联网金融的风险机理与风险度量研究——以 P2P

网贷为例［J］．东南大学学报（哲学社会科学版），2016，18（2）：103－112.

［162］王姗，王飞．指导利率、交易效率与金融资源配置——基于 P2P 网络借贷市场的经验证据［J］．电子科技大学学报（社科版），2018，20（6）：65－70.

［163］王书斌，谭中明，陈艺云．P2P 网贷债权市场中违约舆情的传染机制［J］．金融论坛，2017，22（11）：56－69.

［164］王书斌，谭中明，江红莉．P2P 网贷平台股东背景与投资者行为研究——基于异质性动态面板协整分析［J］．软科学，2018，32（8）：117－120，124.

［165］王文胜，王珊．论信息不对称条件下商业银行信用风险定价方法的适用性与局限性［J］．现代财经－天津财经大学学报，2008（7）：16－19.

［166］王小燕，张俊英，王醒男．金融科技、企业生命周期与技术创新——异质性特征、机制检验与政府监管绩效评估［J］．金融经济学研究，2019，34（5）：93－108.

［167］王宇．基于城市视角的互联网金融地域歧视研究［D］．武汉：华中师范大学硕士学位论文，2017.

［168］［美］威廉·马格努森，范连颖，王燕燕．金融科技时代与美国的金融监管改革［J］．经济社会体制比较，2019（6）：34－42.

［169］韦起，张强．我国网贷平台对商业银行风险溢出效应的实证研究［J］．金融评论，2015（3）：93－104.

［170］［美］维佳·克里斯纳．拍卖理论［M］．罗德明，奚锡灿译．北京：中国人民大学出版社，2010.

［171］温小霓，武小娟．P2P 网络借贷成功率影响因素分析——以拍拍贷为例［J］．金融论坛，2014（3）：3－8.

［172］吴小英，鞠颖．基于最小二乘法的网络借贷模型［J］．厦门大学学报（自然科学版），2012，51（6）：980－984.

［173］吴晓灵．从互联网金融看新金融的发展空间［J］．清华金融评论，

2014 (9): 97 – 101.

［174］吴晓求．互联网金融：成长的逻辑［J］．财贸经济，2015 (2): 5 – 15.

［175］肖曼君，欧缘媛，李颖．我国 P2P 网络借贷信用风险影响因素研究——基于排序选择模型的实证分析［J］．财经理论与实践，2015 (1): 2 – 6.

［176］谢广营，徐二明．借贷利率、用户规模与 P2P 网贷交易额——平台资本类型的调节作用［J］．经济与管理研究，2017 (12): 40 – 47.

［177］谢平，邹传伟，刘海二．互联网金融的基础理论［J］．金融研究，2015 (8): 1 – 12.

［178］谢平，邹传伟，刘海二．互联网金融监管的必要性与核心原则［J］．国际金融研究，2014 (8): 3 – 9.

［179］谢平，邹传伟．互联网金融模式研究［J］．金融研究，2012 (12): 11 – 22.

［180］谢平．P2P 应以数据为基础进行信息监管［J］．博鳌观察，2015 (2): 57 – 59.

［181］谢平．互联网金融风险和防范的几点思考［N］．金融时报，2016 – 05 – 09 (001).

［182］谢文武，汪涛．网络借贷平台借贷双方议价能力对利率的影响研究［J］．金融理论与实践，2018 (2): 50 – 55.

［183］徐鹏俊．P2P 网络借贷平台的研究与设计［D］．南昌：江西财经大学硕士学位论文，2017.

［184］徐喆．逻辑回归模型在互联网金融 P2P 业务信用风险的应用［J］．统计科学与实践，2015 (11): 26 – 29.

［185］许朝晖，吴浩铭．基于巴塞尔Ⅲ的商业银行关系型贷款定价研究［J］．武汉金融，2016 (5): 8 – 11.

［186］许多奇，唐士亚．信息视野下的 P2P 网贷监管：从信息规则到信息规制［J］．上海政法学院学报（法治论丛），2018 (5): 75 – 83.

［187］许丽莉．基于信用等级迁移和违约损失的贷款定价［J］．湘南学院学报，2016，37（2）：7－11，21.

［188］许闲，丁健行．监管科技：金融科技的监管端运用与作用［J］．中国保险，2019（12）：23－26.

［189］薛锋，孙进．基于 RAROC 的贷款风险定价实证研究［J］．经济经纬，2009（6）：131－134.

［190］阎沭杉．P2P 网络借贷对普惠金融发展的积极影响、现存问题及发展对策［J］．现代管理科学，2018（10）：58－60.

［191］晏艳阳，金鹏．个人信贷中信用风险识别的信号博弈分析［J］．湖南大学学报（社会科学版），2010，24（6）：55－60.

［192］杨东．互联网金融的法律规制——基于信息工具的视角［J］．中国社会科学，2015（4）：107－126.

［193］杨军．财务杠杆、信号博弈与信用风险识别［J］．金融研究，2004（2）：71－78.

［194］杨立，赵翠翠，陈晓红．基于社交网络的 P2P 借贷信用风险缓释机制研究［J］．中国管理科学，2018（1）：47－56.

［195］杨立．基于社交网络 P2P 借贷信用风险管理研究［M］．北京：经济科学出版社，2015.

［196］杨玫，董沛武．P2P 网络借贷平台综合竞争力评价——基于直觉三角模糊数的多属性决策 TOPSIS［J］．科学决策，2017（12）：77－94.

［197］杨薇薇．P2P 网络信贷行为及风险评估研究——以拍拍贷为例［D］．青岛：中国海洋大学硕士学位论文，2014.

［198］姚博．信用评价是否抑制了网贷行为中的地区与学历偏好［J］．财贸经济，2016（7）：147－161.

［199］姚凤阁，隋昕．P2P 网络借贷平台借款人信用风险影响因素研究——来自“拍拍贷”的经验依据［J］．哈尔滨商业大学学报（社会科学版），2016（1）：3－10.

［200］姚铮，胡梦婕，叶敏．社会网络增进小微企业贷款可得性作用机

理研究［J］．管理世界，2013（4）：135－149.

［201］叶德珠，陈霄．标点与字数会影响网络借贷吗——来自人人贷的经验证据［J］．财贸经济，2017（5）：65－79.

［202］叶青，李增泉，徐伟航．P2P网络借贷平台的风险识别研究［J］．会计研究，2016（6）：38－45，95.

［203］叶湘榕．P2P借贷的模式风险与监管研究［J］．金融监管研究，2014（3）：71－82.

［204］银伟丽．纯线上P2P网络借贷平台模式分析及优化［J］．中国管理信息化，2018，21（5）：123－124.

［205］尹志超，宋全云，吴雨．金融知识、投资经验与家庭资产选择［J］．经济研究，2014，49（4）：62－75.

［206］应珺璐，徐少君．国内P2P网络借贷平台借款人特征比较分析——以人人贷和向上360为例［J］．浙江理工大学学报（社会科学版），2018，40（3）：222－229.

［207］尤瑞章，张晓霞．P2P在线借贷的中外比较分析——兼论对我国的启示［J］．金融发展评论，2010（3）：97－105.

［208］于晓虹，楼文高．基于随机森林的P2P网贷信用风险评价、预警与实证研究［J］．金融理论与实践，2016（2）：53－58.

［209］于洋．我国P2P网络借贷平台风险及对策研究［D］．济南：山东财经大学硕士学位论文，2016.

［210］俞林，康灿华，王龙．互联网金融监管博弈研究：以P2P网贷模式为例［J］．南开经济研究，2015（5）：126－139.

［211］曾江洪，杨帅．P2P借贷出借人的羊群行为及其理性检验——基于拍拍贷的实证研究［J］．现代财经－天津财经大学学报，2014（7）：22－32.

［212］张斌．我国P2P网络借贷的税务法律问题研究［J］．西部金融，2016（10）：42－46.

［213］张超宇，陈飞．P2P网络借贷平台模式异化及去担保化问题研究［J］．南方金融，2018（1）：68－74.

［214］张成虎，金虎斌．互联网金融驱动创新机制研究［J］．财经论丛，2016（2）：40－46.

［215］张成虎．互联网金融［M］．上海：华东师范大学出版社，2018.

［216］张晶蕾，孙英隽．公开竞标的贷款定价方式对 P2P 借贷平台的优化作用［J］．财务与金融，2015（2）：12－16.

［217］张娟．年龄歧视存在于网络借贷中吗？——基于 P2P 平台的实证分析［J］．南京财经大学学报，2018（3）：66－73.

［218］张澜觉．基于 BP 神经网络的 P2P 信贷个人信用评价模型研究［D］．昆明：云南财经大学硕士学位论文，2015.

［219］张墨．我国 P2P 网络信贷中个人信用评级研究［J］．经济视角，2015（3）：9－11.

［220］张文，崔杨波，姜祎盼．基于 SVM（K－Means）的非均衡 P2P 网贷平台风险预测研究［J］．系统科学与数学，2018，38（3）：364－378.

［221］张晓玫．解析 P2P 平台利率定价的三大模式［N］．第一财经日报，2015－09－08（A06）.

［222］张运书，李玉文．信息失灵与矫正：网络借贷中金融消费者权益保护信息规制路径［J］．经济问题探索，2018（9）：105－110，139.

［223］张镇宇．我国上市公司信用风险识别模型的比较研究［D］．南京：南京农业大学硕士学位论文，2014.

［224］张正平，胡夏露．P2P 网络借贷：国际发展与中国实践［J］．北京工商大学学报（社会科学版），2013，28（2）：87－94.

［225］张正平，胡亚男，胡夏露．P2P 借款人融资可得性影响因素的实证研究——基于结构方程模型的检验［J］．北京工商大学学报（社会科学版），2015（2）：93－100.

［226］赵鹞．Fintech 的特征、兴起、功能及风险研究［J］．金融监管研究，2016（9）：57－70.

［227］赵岳，谭之博．电子商务、银行信贷与中小企业融资——一个基于信息经济学的理论模型［J］．经济研究，2012（7）：99－112.

［228］郑联盛．中国互联网金融：模式、影响、本质与风险［J］．国际经济评论，2014（5）：6，103－118.

［229］郑迎飞，陈晓静．P2P 网贷平台本息保障与投资者反应［J］．金融论坛，2018，23（1）：66－80.

［230］郑玉华，崔晓东．基于风险中性原理的有担保贷款定价研究［J］．征信，2013，31（9）：49－51.

［231］周星宇．P2P 网络借贷行业运营模式问题的研究［D］．杭州：浙江大学硕士学位论文，2018.

［232］周园，许辉．我国 P2P 网络信贷风险来源识别与控制研究［J］．经营与管理，2018（10）：12－15.

［233］周正龙，马本江，胡凤英．P2P 网络借贷市场的双边拍卖机制设计［J/OL］．控制与决策，https：//doi. org/10. 13195/j. kzyjc. 2017. 1163，2019－01－02.

［234］周正龙，马本江，胡凤英．中国 P2P 网络借贷平台的动态逆向拍卖机制［J］．系统工程理论与实践，2017（2）：409－417.

［235］庄雷，周勤．身份歧视：互联网金融创新效率研究——基于 P2P 网络借贷［J］．经济管理，2015（4）：136－147.

［236］邹明芮．基于 Lasso－Logistic 模型的 P2P 网络借贷信用风险度量［J］．长春大学学报，2018，28（3）：22－26.

［237］邹欣．监管政策如何影响 P2P 网贷行业的发展？［J］．金融理论与实践，2017（7）：25－31.